EMMANUEL

Francisco Cândido Xavier

EMMANUEL

Dissertações mediúnicas sobre importantes
questões que preocupam a Humanidade
CIÊNCIA – RELIGIÃO – FILOSOFIA

pelo Espírito Emmanuel

Copyright © 1938 *by*
FEDERAÇÃO ESPÍRITA BRASILEIRA – FEB

28ª edição – 13ª impressão – 1 mil exemplares – 12/2024

ISBN 978-85-7328-860-5

Todos os direitos reservados. Nenhuma parte desta publicação pode ser reproduzida, armazenada ou transmitida, total ou parcialmente, por quaisquer métodos ou processos, sem autorização do detentor do *copyright*.

FEDERAÇÃO ESPÍRITA BRASILEIRA – FEB
SGAN 603 – Conjunto F – Avenida L2 Norte
70830-106 – Brasília (DF) – Brasil
www.febeditora.com.br
editorial@febnet.org.br
+55 61 2101 6161

Pedidos de livros à FEB
Comercial
Tel.: (61) 2101 6161 – comercial@febnet.org.br

Adquirindo esta obra, você está colaborando com as ações de assistência e promoção social da FEB e com o Movimento Espírita na divulgação do Evangelho de Jesus à luz do Espiritismo.

Dados Internacionais de Catalogação na Publicação (CIP)
(Federação Espírita Brasileira – Biblioteca de Obras Raras)

E54e   Emmanuel (Espírito)

         Emmanuel / pelo Espírito Emmanuel; [psicografado por] Francisco Cândido Xavier – 28. ed. – 13. imp. – Brasília: FEB, 2024.

         240 p.; 21 cm – (Coleção Emmanuel)

         Inclui índice geral

         ISBN 978-85-7328-860-5

         1. Espiritismo. 2. Obras psicografadas. I. Xavier, Francisco Cândido, 1910–2002. II. Federação Espírita Brasileira. III. Título. IV. Coleção.

                                                   CDD 133.93
                                                   CDU 133.7
                                                   CDE 20.04.00

SUMÁRIO

Explicando 11
A tarefa dos guias espirituais 15

I DOUTRINANDO A FÉ 19

1 Às almas enfraquecidas 21
   1.1 O que é o moderno Espiritualismo 1.2 Necessidade do esforço próprio 1.3 A prece 1.4 Aos enfraquecidos na luta

2 A ascendência do Evangelho 25
   2.1 As tradições religiosas 2.2 Os missionários do Cristo 2.3 A lei moisaica 2.4 Jesus 2.5 O Evangelho e o futuro

3 Roma e a Humanidade 31
   3.1 Roma em seus primórdios 3.2 O Cristianismo em suas origens 3.3 Os bispos de Roma 3.4 Inovações e dogmas romanos 3.5 As pretensões romanas

4   A base religiosa 39
    4.1 O tóxico do intelectualismo 4.2 Experiência que fracassaria 4.3 A falibilidade humana 4.4 O sublime legado 4.5 Religião e religiões 4.6 Sabedoria integral e ordem inviolável

5   A necessidade da experiência 45
    5.1 O momento das grandes lutas 5.2 Os planos do Universo são infinitos 5.3 O progresso isolado dos seres 5.4 O futuro é a perfeição 5.5 O que significam as reencarnações

6   Pela revivescência do Cristianismo 51
    6.1 Época de desolação 6.2 A norma de ação educativa 6.3 A falha da Igreja romana 6.4 O propósito dos Espíritos

7   O labor das almas 57
    7.1 Dificuldades da comunicação 7.2 O trabalho dos Espíritos 7.3 Necessidade do sacrifício 7.4 Desenvolvimento da intuição

8   A confissão auricular 61
    8.1 A confissão nos tempos apostólicos 8.2 A confissão auricular e a sua grande vítima 8.3 Reforma necessária 8.4 Confessai-vos uns aos outros

9   A Igreja de Roma na América do Sul.............. 65
    9.1 A grande usurpadora 9.2 O Catolicismo na Europa moderna 9.3 A Igreja Católica provocando a pobreza do mundo 9.4 Amargos contrastes 9.5 O mundo tem sede do Cristo

10 As pretensões católicas 71
10.1 O culto religioso e o Estado 10.2 Sempre com César

11 Mensagem aos médiuns 75
11.1 Vigiar para vencer 11.2 Quem são os médiuns na sua generalidade 11.3 As oportunidades do sofrimento 11.4 Necessidade da exemplificação 11.5 O problema das mistificações 11.6 Apelo aos médiuns

12 A paz do último dia 81
12.1 Os que se dedicam às coisas espirituais 12.2 As almas torturadas 12.3 A outra vida 12.4 Espíritos felizes 12.5 Aos meus irmãos

II DOUTRINANDO A CIÊNCIA 87

13 As investigações da Ciência 89
13.1 O resultado das investigações 13.2 O fracasso de muitas iniciativas 13.3 O utilitarismo 13.4 Os tempos do porvir

14 A subconsciência nos fenômenos psíquicos 93
14.1 A subconsciência 14.2 O olvido temporário 14.3 As recordações

15 A ideia da imortalidade 97
15.1 A ideia de Deus 15.2 A consciência 15.3 O antropomorfismo 15.4 O culto dos mortos 15.5 A evolução dos sistemas religiosos

16 As vidas sucessivas e os mundos habitados 101
16.1 Espontaneidade impossível 16.2 Há mundos incontáveis 16.3 Mundo de exílio e escola regeneradora 16.4 O estímulo do conhecimento

17 Sobre os animais 107
17.1 A sombra dos princípios 17.2 Os animais, nossos parentes próximos 17.3 A alma dos animais 17.4 Todos somos irmãos

18 A Europa moderna em face do Evangelho 115
18.1 Dores inevitáveis 18.2 Ausência de unidade espiritual 18.3 A paz armada 18.4 Sociedades edificadas na pilhagem

19 A civilização ocidental 121
19.1 Possibilidades do Oriente 19.2 O fantasma da guerra 19.3 Ânsia de domínio e de destruição 19.4 O futuro das grandezas materiais

20 A decadência intelectual dos tempos modernos 129
20.1 Profunda pobreza intelectual 20.2 Ditaduras e problemas econômicos 20.3 Necessidade da cooperação fraterna

21 Civilização em crise 133
21.1 Fase de experimentações 21.2 Na dependência da guerra 21.3 Sentença de destruição 21.4 O futuro pertencerá ao Evangelho

22 Fluidos materiais e fluidos espirituais 139

23 A saúde humana 143
23.1 A renovação dos métodos de cura 23.2 Os problemas clínicos inquietantes 23.3 Medicina espiritual 23.4 O mundo marcha para a síntese

24 O corpo espiritual 149
24.1 A vida corporal – expressão da morte 24.2 Inacessível aos processos da indagação científica

24.3 Respondendo às objeções 24.4 Através dos escaninhos do universo orgânico 24.5 O santuário da memória 24.6 O prodigioso alquimista 24.7 Alma e corpo 24.8 A evolução infinita

25 Os poderes do Espírito 157
25.1 Os mendigos da sabedoria 25.2 A insuficiência sensorial 25.3 A inútil tentativa 25.4 Tudo é vibração espiritual 25.5 A matéria

26 Os tempos do Consolador 161
26.1 A concepção da Divindade 26.2 A fé ante a Ciência 26.3 Os esclarecimentos do Espiritismo 26.4 Nós viveremos eternamente

27 Os dogmas e os preconceitos 167
27.1 Ações perturbadoras 27.2 Características da sociedade moderna 27.3 A Ciência e a Religião 27.4 O trabalho dos intelectuais

28 As comunicações espíritas 171
28.1 O mediunismo 28.2 A comunhão dos dois mundos 28.3 Os Espíritos benignos 28.4 O que representam as comunicações 28.5 Os planos da evolução

29 Do *modus operandi* dos Espíritos 175
29.1 O processo das comunicações 29.2 Os aparelhos mediúnicos 29.3 A ideoplasticidade do pensamento

30 Evangelização dos desencarnados 179
30.1 A situação dos recém-libertos da carne 30.2 As exortações evangélicas 30.3 A lição das almas 30.4 Ensinar e praticar

31 Os Espíritos da Terra 183
31.1 Espíritos da Terra 31.2 Como se opera o progresso geral 31.3 Os períodos de renovação 31.4 Missão do Espiritismo

32 Dos destinos 187
32.1 A vida verdadeira 32.2 A escolha das provações 32.3 O esquecimento do passado 32.4 O homem e seu destino 32.5 A vida é sempre amor

33 Quatro questões de Filosofia 191
33.1 Determinismo e livre-arbítrio 33.2 O tempo e o espaço 33.3 Espírito e matéria 33.4 O princípio de unidade

34 Vozes no deserto 195

35 Educação evangélica 199
35.1 O resultado dos erros religiosos 35.2 Fim de um ciclo evolutivo 35.3 Urge reformar 35.4 Necessidade da educação pura e simples 35.5 Formação da mentalidade cristã

36 Aos trabalhadores da Verdade 205
36.1 A Fenomenologia espírita 36.2 A Psicologia e a *mens sana* 36.3 O progresso anímico 36.4 A trajetória das almas 36.5 As realidades do futuro

Índice geral 209

EXPLICANDO...

Lembro-me de que, em 1931, numa de nossas reuniões habituais, vi a meu lado, pela primeira vez, o bondoso Espírito Emmanuel.

Eu psicografava, naquela época, as produções do primeiro livro mediúnico,[1] recebido por meio de minhas humildes faculdades, e experimentava os sintomas de grave moléstia dos olhos.

Via-lhe os traços fisionômicos de homem idoso, sentindo minha alma envolvida na suavidade de sua presença, mas o que mais me impressionava era que a generosa entidade se fazia visível para mim, dentro de reflexos luminosos que tinham a forma de uma cruz. Às minhas perguntas naturais, respondeu o bondoso guia:

> Descansa! Quando te sentires mais forte, pretendo colaborar igualmente na difusão da Filosofia espiritualista. Tenho seguido sempre os teus passos e só hoje me vês, na tua existência de agora, mas os nossos espíritos se encontram unidos pelos laços mais santos da vida, e o sentimento afetivo que

---

[1] N.E.: *Parnaso de além-túmulo*, FEB Editora.

me impele para o teu coração tem suas raízes na noite profunda dos séculos.

Essa afirmativa foi para mim imenso consolo e, desde essa época, sinto constantemente a presença desse amigo invisível que, dirigindo as minhas atividades mediúnicas, está sempre ao nosso lado, em todas as horas difíceis, ajudando-nos a raciocinar melhor, no caminho da existência terrestre. A sua promessa de colaborar na difusão da consoladora Doutrina dos Espíritos tem sido cumprida integralmente. Desde 1933, Emmanuel tem produzido, por meu intermédio, as mais variadas páginas sobre os mais variados assuntos. Solicitado por confrades nossos para se pronunciar sobre esta ou aquela questão, noto-lhe sempre o mais alto grau de tolerância, afabilidade e doçura, tratando sempre todos os problemas com o máximo respeito pela liberdade e pelas ideias dos outros. Convidado a identificar-se, várias vezes, esquivou-se delicadamente, alegando razões particulares e respeitáveis, afirmando, porém, ter sido, na sua última passagem pelo planeta, padre católico, desencarnado no Brasil. Levando as suas dissertações ao passado longínquo, afirma ter vivido ao tempo de Jesus, quando então se chamou Publius Lentulus. E de fato, Emmanuel, em todas as circunstâncias, tem dado a quantos o procuram o testemunho de grande experiência e de grande cultura.

Para mim, tem sido ele de incansável dedicação. Junto do Espírito bondoso daquela que foi minha mãe na Terra, sua assistência tem sido um apoio para o meu coração nas lutas penosas de cada dia.

Emmanuel

Muitas vezes, quando me coloco em relação com as lembranças de minhas vidas passadas e quando sensações angustiosas me prendem o coração, sinto-lhe a palavra amiga e confortadora. Emmanuel leva-me, então, às eras mortas, e explica-me os grandes e pequenos porquês das atribulações de cada instante. Recebo, invariavelmente, com a sua assistência, um conforto indescritível, e assim é que renovo minhas energias para a tarefa espinhosa da mediunidade, em que somos ainda tão incompreendidos.

Alguns amigos, considerando o caráter de simplicidade dos trabalhos de Emmanuel, esforçaram-se para que este volume despretensioso surgisse no campo da publicidade.

Entrar na apreciação do livro, em si mesmo, é coisa que não está na minha competência. Apenas me cumpria o dever de prestar ao generoso guia dos nossos trabalhos a homenagem do meu reconhecimento, com a expressão da verdade pura, pedindo a Deus que o auxilie cada vez mais, multiplicando suas possibilidades no Mundo Espiritual, e derramando-lhe n'alma fraterna e generosa as luzes benditas do Seu Infinito Amor.

FRANCISCO CÂNDIDO XAVIER
Pedro Leopoldo (MG), 16 de setembro de 1937.

A TAREFA DOS GUIAS ESPIRITUAIS

Os guias invisíveis do homem não poderão, de forma alguma, afastar as dificuldades materiais dos seus caminhos evolutivos sobre a face da Terra.

O Espaço está cheio de incógnitas para todos os Espíritos.

Se os encarnados sentem a existência de fluidos imponderáveis que ainda não podem compreender, os desencarnados estão marchando igualmente para a descoberta de outros segredos divinos que lhes preocupam a mente.

Quando falamos, portanto, da influência do Evangelho nas grandes questões sociológicas da atualidade, apontamos às criaturas o corpo de leis, pelas quais devem nortear as suas vidas no planeta. O chefe de determinados serviços recebe regulamentos necessários dos seus superiores, que ele deverá pôr em prática na administração. Nossas atividades são de colaborar com os nossos irmãos no domínio do conhecimento desses códigos de justiça e de amor, a cuja base viverá a legislação do futuro. Os Espíritos não voltariam à Terra apenas para dizerem, aos seus companheiros, das beatitudes eternas nos planos divinos da imensidade. Todos os homens conhecem a fatalidade da morte e sabem que é inevitável a sua futura mudança para a vida espiritual. Todas as criaturas estão, assim, fadadas a conhecer aquilo que já conhecemos. Nossa palavra é para que a Terra vibre conosco nos ideais sublimes da fraternidade e da redenção espiritual. Se falamos dos mundos felizes, é para que o planeta terreno seja igualmente venturoso. Se dizemos do amor que enche a vida inteira da Criação Infinita, é para que o homem aprenda também a amar a vida e os seus semelhantes. Se discorremos acerca das condições aperfeiçoadas da existência em planos redimidos do Universo, é para que a Terra ponha em prática essas mesmas condições. Os códigos aplicados, em outras esferas mais adiantadas, baseados na solidariedade universal, deverão, por sua vez, merecer aí a atenção e os estudos precisos.

O orbe terreno não está alheio ao concerto universal de todos os sóis e de todas as esferas que povoam o ilimitado; parte integrante da infinita comunidade dos mundos, a Terra conhecerá as alegrias perfeitas da harmonia da vida. E a vida é sempre amor, luz, criação, movimento e poder.

Os desvios e os excessos dos homens é que fizeram do vosso planeta a mansão triste das sombras e dos contrastes.

Fluidos misteriosos ligam a Deus todas as belezas da sua Criação perfeita e inimitável. Os homens terão, portanto, o seu quinhão de felicidade imorredoura, quando estiverem integrados na harmonia com o seu Criador.

Os sóis mais remotos e mais distantes se unem ao vosso orbe de sombras, através de fluidos poderosos e intangíveis. Há uma lei de amor que reúne todas as esferas, no seio do éter universal, como existe essa força ignorada, de ordem moral, mantendo a coesão dos membros sociais, nas coletividades humanas. A Terra é, pois, componente da sociedade dos mundos. Assim como Marte ou Saturno já atingiram um estado mais avançado em conhecimentos, melhorando as condições de suas coletividades, o vosso orbe tem, igualmente, o dever de melhorar-se, avançando, pelo aperfeiçoamento das suas leis, para um estágio superior no quadro universal.

Os homens, portanto, não devem permanecer embevecidos diante das nossas descrições.

O essencial é meter mãos à obra, aperfeiçoando, cada qual, o seu próprio coração primeiramente, afinando-o com a lição de humildade e de amor do Evangelho, transformando em seguida os seus lares, as suas cidades e os seus países, a fim de que tudo na Terra respire a mesma felicidade e a mesma beleza dos orbes elevados, conforme as nossas narrativas do Infinito.

EMMANUEL

I
DOUTRINANDO A FÉ

1
ÀS ALMAS ENFRAQUECIDAS

Minhas palavras de hoje são dirigidas aos que ingressam nos estudos espiritistas, tangidos pelos azorragues impiedosos do sofrimento; no auge das suas dores, recorreram ao amparo moral que lhes oferecia a Doutrina e sentiram que as tempestades amainavam... Seus corações reconhecidos voltaram-se então para as coisas espirituais; todavia, os tormentos não desapareceram. Passada uma trégua ligeira, houve recrudescência de prantos amargos.

Experimentando as mesmas torturas, sentem-se vacilantes na fé e baldos do entusiasmo das primeiras horas e é comum ouvirem-se as suas exclamações: "Já não tenho mais fé, já não tenho mais esperanças...". Invencível abatimento invade-lhes os corações tíbios e enfraquecidos na luta, desamparados na sua vontade titubeante e na sua inércia espiritual.

Essas almas não puderam penetrar o espírito da Doutrina, vogando apenas entre as águas das superficialidades.

1.1 O QUE É O MODERNO ESPIRITUALISMO

O moderno Espiritualismo não vem revogar as leis diretoras da evolução coletiva. As suas concepções avançadas representam um surto evolutivo da Humanidade, uma época de mais compreensão dos problemas da vida, sem oferecer talismãs ou artes mágicas, com a pretensão de derrogar os estatutos da Natureza. Desvenda ao homem um fragmento dos véus que encobrem o destino do ser imortal e ensina-lhe que a luta é o veículo do seu progresso e da sua redenção.

Traz consigo o nobre objetivo de enriquecer, com as suas benditas claridades, os homens que as aceitam, longe da vaidade de prometer-lhes fortunas e gozos terrestres, bens temporais que apenas servem para fortificar as raízes do egoísmo em seus corações, agrilhoando-os ao potro das gerações dolorosas.

1.2 NECESSIDADE DO ESFORÇO PRÓPRIO

Pergunta-se, às vezes, por que razão não obstam os Espíritos esclarecidos, que em todos os tempos acompanham carinhosamente a marcha dos acontecimentos do orbe, as guerras que dizimam milhões de existências e empobrecem as coletividades, influenciando os diretores de movimentos subversivos nos seus planos de gabinete; inquire-se o porquê das existências amarguradas e aflitas de muitos dos que se dedicam ao Espiritismo, dando-lhes o melhor de suas forças e sempre torturados pelas provas mais amargas e pelos mais acerbos desgostos. Daqui, contemplamos melancolicamente essas almas desesperadas e desiludidas, que nada sabem encontrar além das puerilidades da vida.

Em desencarnando, não entra o Espírito na posse de poderes absolutos. A morte significa apenas uma nova modalidade de existência, que continua, sem milagres e sem saltos.

É necessário encarar-se a situação dos desencarnados com a precisa naturalidade. Não há forças miraculosas para os seres humanos, como não existem igualmente para nós. O livre-arbítrio relativo nunca é ab-rogado em todos nós; em conjunto, somos obrigados, em qualquer plano da vida, a trabalhar pelo nosso próprio adiantamento.

1. 3 A PRECE

Faz-se preciso que o homem reconheça a necessidade da luta como a do pão cotidiano.

A crença deve ser a bússola, o farol nas obscuridades que o rodeiem na existência passageira, e a prece deve ser cultivada, não para que sejam revogadas as disposições da Lei Divina, mas a fim de que a coragem e a paciência inundem o coração de fortaleza nas lutas ásperas, porém necessárias.

A alma, em se voltando para Deus, não deve ter em mente senão a humildade sincera na aceitação de sua vontade superior.

1. 4 AOS ENFRAQUECIDOS NA LUTA

Almas enfraquecidas, que tendes, muitas vezes, sentido sobre a fronte o sopro frio da adversidade, que tendes vertido muitos prantos nas jornadas difíceis, em estradas de sofrimentos rudes, buscai na fé os vossos imperecíveis tesouros!

Bem sei a intensidade da vossa angústia e sei de vossa resistência ao desespero. Ânimo e coragem! No fim de todas as dores, abre-se uma aurora de ventura imortal; dos amargores experimentados, das lições recebidas, dos ensinamentos conquistados à custa de insano esforço e de penoso labor, tece a alma sua auréola de eternidade gloriosa; eis que os túmulos se quebram e da paz cheia de cinzas e sombras, dos jazigos, emergem as vozes comovedoras dos mortos. Escutai-as!... elas vos dizem da felicidade do dever cumprido, dos tormentos da consciência nos desvios das obrigações necessárias.

Orai, trabalhai e esperai. Palmilhai todos os caminhos da prova com destemor e serenidade. As lágrimas que dilaceram, as mágoas que pungem, as desilusões que fustigam o coração constituem elementos atenuantes da vossa imperfeição, no tribunal augusto, onde pontifica o mais justo, magnânimo e íntegro dos juízes. Sofrei e confiai, que o silêncio da morte é o ingresso para uma outra vida, onde todas as ações estão contadas e gravadas as menores expressões dos nossos pensamentos.

Amai muito, embora com amargos sacrifícios, porque o amor é a única moeda que assegura a paz e a felicidade no Universo.

2
A ASCENDÊNCIA DO EVANGELHO

Nenhuma expressão fornece imagem mais justa do poder daquele a quem todos os espíritos da Terra rendem culto do que a de João, no seu evangelho — "No princípio era o Verbo...".

Jesus, cuja perfeição se perde na noite imperscrutável das eras, personificando a sabedoria e o amor, tem orientado todo o desenvolvimento da Humanidade terrena, enviando os seus iluminados mensageiros, em todos os tempos, aos agrupamentos humanos e, assim como presidiu à formação do orbe, dirigindo, como Divino Inspirador, a quantos colaboraram na tarefa da elaboração geológica do planeta e da disseminação da vida em todos os laboratórios da Natureza, desde que o homem conquistou a racionalidade, vem-lhe fornecendo a ideia da sua divina origem, o tesouro das concepções de Deus e da imortalidade do Espírito, revelando-lhe, em cada época, aquilo que a sua compreensão pode abranger.

Em tempos remotos, quando os homens, fisicamente, pouco dessemelhavam dos antropopitecos, suas manifestações de religiosidade eram as mais bizarras, até que, transcorridos os anos, no labirinto dos séculos, vieram entre as populações do orbe os primeiros organizadores do pensamento religioso que, de acordo com a mentalidade geral, não conseguiram escapar das concepções de ferocidade que caracterizavam aqueles seres egressos do egoísmo animalesco da irracionalidade. Começaram aí os primeiros sacrifícios de sangue aos ídolos de cada facção, crueldades mais longínquas que as praticadas nos tempos de Baal, das quais tendes notícia pela História.

2. 1 AS TRADIÇÕES RELIGIOSAS

Vamos encontrar, historicamente, as concepções mais remotas da organização religiosa na civilização chinesa, nas tradições da Índia védica e bramânica, de onde também se irradiaram as primeiras lições do Budismo, no antigo Egito, com os mistérios do culto dos mortos, na civilização resplandecente dos faraós, na Grécia, com os ensinamentos órficos e com a simbologia mitológica, existindo já grandes mestres, isolados intelectualmente das massas, a quem ofereciam os seus ensinos exóticos, conservando o seu saber de iniciados no círculo restrito daqueles que os poderiam compreender devidamente.

2. 2 OS MISSIONÁRIOS DO CRISTO

Fo-Hi, os compiladores dos *Vedas*, Confúcio, Hermes, Pitágoras, Gautama, os seguidores dos mestres da Antiguidade, todos foram mensageiros de sabedoria que, encarnando em ambientes diversos, trouxeram ao mundo a ideia de Deus e das leis morais a que os homens se devem submeter para a obtenção de todos os primores da evolução espiritual. Todos foram mensageiros daquele que era o Verbo do Princípio, emissários da sua Doutrina de amor. Em afinidade com as características da civilização e dos costumes de cada povo, cada um deles foi portador de uma expressão do "amai-vos uns aos outros". Compelidos, em razão do obscurantismo dos tempos, a revestir seus pensamentos com os véus misteriosos dos símbolos, como os que se conheciam dentro dos rigores iniciáticos, foram os missionários do Cristo preparadores dos seus gloriosos caminhos.

2. 3 A LEI MOSAICA

A lei mosaica foi a precursora direta do Evangelho de Jesus. O protegido de Termutis, depois de se beneficiar com a cultura que o Egito lhe podia prodigalizar, foi inspirado a reunir todos os elementos úteis à sua grandiosa missão, vulgarizando o monoteísmo e estabelecendo o Decálogo, sob a inspiração divina, cujas determinações são até hoje a edificação basilar da Religião da Justiça e do Direito, se bem que as doutrinas antigas já tivessem arraigado a crença de Deus único, sendo o politeísmo apenas uma questão simbológica, apta a satisfazer à mentalidade geral.

A legislação de Moisés está cheia de lendas e de crueldades compatíveis com a época, mas, escoimada de todos os comentários fabulosos a seu respeito, a sua figura é, de fato, a de um homem extraordinário, revestido dos mais elevados poderes espirituais. Foi o primeiro a tornar acessíveis às massas populares os ensinamentos somente conseguidos à custa de longa e penosa iniciação, com a síntese luminosa de grandes verdades.

2. 4 JESUS

Com o nascimento de Jesus, há como que uma comunhão direta do Céu com a Terra. Estranhas e admiráveis revelações perfumam as almas, e o Enviado oferece aos seres humanos toda a grandeza de seu amor, da sua sabedoria e da sua misericórdia.

Aos corações abre-se nova torrente de esperanças, e a Humanidade, na Manjedoura, no Tabor e no Calvário, sente as manifestações da vida celeste, sublime em sua gloriosa espiritualidade.

Com o tesouro dos seus exemplos e das suas palavras, deixa o Mestre entre os homens a sua Boa-Nova. O Evangelho do Cristo é o transunto de todas as filosofias que procuram aprimorar o Espírito, norteando-lhe a vida e as aspirações.

Jesus foi a manifestação do Amor de Deus, a personificação de sua Bondade Infinita.

2.5 O EVANGELHO E O FUTURO

Raças e povos ainda existem que o desconhecem, porém, não ignoram a lei de amor da sua Doutrina, porque todos os homens receberam, nas mais remotas plagas do orbe, as irradiações do seu Espírito misericordioso, por meio das palavras inspiradas dos seus mensageiros.

O Evangelho do Divino Mestre ainda encontrará, por algum tempo, a resistência das trevas. A má-fé, a ignorância, a simonia, o império da força conspirarão contra ele, mas tempo virá em que a sua ascendência será reconhecida. Nos dias de flagelo e de provações coletivas, é para a sua luz eterna que a Humanidade se voltará, tomada de esperança. Então, novamente se ouvirão as palavras benditas do Sermão da Montanha e, através das planícies, dos montes e dos vales, o homem conhecerá o caminho, a verdade e a vida.

3
ROMA E A HUMANIDADE

Meus caros amigos, alguns de vós, que aqui vos achais, possuís dedicação e amor à causa da luz e da verdade; é lícito, portanto, procuremos corresponder aos vossos esforços e aspirações de conhecimento, ofertando-vos todas as coisas do Espírito, dentro das nossas possibilidades, para que vos sirvam de auxílio na escalada difícil da verdade.

Numerosas são as falanges de seres que se entregam à difusão das teorias espiritualistas e que operam, na atualidade, o milagre do ressurgimento da filosofia cristã, em sua pureza de antanho. É que chegados são os dias das explicações racionais de todos os séculos que tendes atravessado com os olhos vendados para os domínios da espiritualidade, devido aos preconceitos das posições sociais e sentimentos de utilitarismo de vários sistemas religiosos e filosóficos, desvirtuados em suas finalidades, em seus princípios.

Nossos desejos seriam os de que a nossa voz fosse ouvida, veiculando-se a palavra da imortalidade sobre toda a Terra; todavia, não serão feitos em vão os nossos apelos.

Por constituir tema de interesse geral para quantos mourejam nas fainas benditas do conhecimento da verdade, subordinei estas palavras à epígrafe *Roma e a Humanidade*, a fim de levar-vos a minha pequena parcela de instrução sobre o Catolicismo que, deturpando nos seus objetivos as lições do Evangelho, se tornou uma organização política em que preponderam as características essencialmente mundanas.

3. 1 ROMA EM SEUS PRIMÓRDIOS

Fundada em tempos remotíssimos, por agrupamentos de homens que experimentavam a necessidade de recíproca defesa e proteção mútua, edificou-se Roma, sobre as lendas de Rômulo, do rapto das sabinas e outras. Habitada por indivíduos acostumados à rudeza, tornou-se populosa com os reforços de habitantes que constantemente lhe vinham dos núcleos circunvizinhos, vindo a ser em breve a cidade que se transformaria na célebre república, depois império, e que tão fortemente predomina sobre os destinos humanos.

Como, porém, não é objeto da nossa palestra o estudo da História universal, sintetizemos, para alcançar o nosso desiderato.

3. 2 O CRISTIANISMO EM SUAS ORIGENS

Edificante é a investigação, o estudo acerca do Cristianismo nos primeiros tempos de sua história;

edificante lembrarmos as apagadas figuras de pescadores humildes, grosseiros e quase analfabetos, a enfrentarem o extraordinário e secular edifício erguido pelos triunfos romanos, objetivando a sua reforma integral.

Afrontando a morte em todos os caminhos, reconheceram, em breve, que inúmeros Espíritos oprimidos os aguardavam e com eles se transformavam em anunciadores da causa do Divino Mestre.

A história da Igreja cristã nos primitivos séculos está cheia de heroísmos santificantes e de redentoras abnegações. Nas dez principais perseguições aos cristãos, de Nero a Diocleciano, vemos, pelo testemunho da História, gestos de beleza moral, dignos de monumentos imperecíveis. Foi assim que, contando com a animadversão das autoridades da Filosofia em voga na época, os seguidores do Cristo sentiram forte amparo na voz esclarecida de Tertuliano, Clemente de Alexandria, Orígenes e outras sumidades do tempo. A conversão de Saulo de Tarso, cidadão romano, também influiu poderosamente na difusão do novo ideal, e todo o sangue dos mártires da fé transformou-se em sementeira bendita de crença e de esperança consoladora.

3. 3 OS BISPOS DE ROMA

Nos primitivos movimentos de propaganda da nova fé, não possuíam nenhuma supremacia os bispos romanos entre os seus companheiros de episcopado, e a Igreja era pura e simples, como nos tempos que se seguiram ao regresso do seu Divino Fundador às regiões da luz. As primeiras reformas surgiram no quarto século da vossa era, quando Basílio de Cesareia e Gregório Nazianzeno instituíram o culto aos santos.

Os bispos romanos sempre desejaram exercer injustificável primazia entre os seus coirmãos; todavia, semelhantes pretensões foram sempre profligadas, destacando-se entre os vultos que as combateram a venerável figura de Agostinho, que se tornara adepto fervoroso do Crucificado à força de ouvir as prédicas de Ambrósio, bispo de Milão, a cujos pés se prosternou Teodósio, o grande, penitenciando-se das crueldades perpetradas ao reprimir a revolta dos tessalonicenses.

Desde o primeiro concílio ecumênico de Niceia, convocado para condenação do cisma de Ário, continuaram as reuniões desses parlamentos eclesiásticos, onde eram debatidos todos os problemas que interessavam ao movimento cristão. Datam dessas famosas reuniões as inovações desfiguradoras da beleza simples do Evangelho; ainda aí, contudo, nesses primeiros séculos que sucederam à implantação da Doutrina de Jesus, destinada a exercer tão acentuada influência na legislação de todos os povos, não se conhecia, em absoluto, a hegemonia da Igreja de Roma entre as outras congêneres. Somente no princípio do século VII a presunção dos prelados romanos encontrou guarida no famigerado imperador Focas, que outorgou a Bonifácio a primazia injustificável de bispo universal. Consumada essa medida, que facilitava ao orgulho e ao egoísmo toda sua nociva expansibilidade, tem-se levado a efeito, até hoje, os maiores atentados, que culminaram, em 1870, na declaração da infalibilidade papal.

3. 4 INOVAÇÕES E DOGMAS ROMANOS

A Doutrina de Jesus, concentrando-se à força na cidade dos Césares, aí permaneceu como encarcerada pelo poder humano e, passando por consecutivas reformas, perdeu a simplicidade encantadora das suas origens, transformando-se num edifício de pomposas exterioridades. Após a instituição do culto dos santos, surgiram imediatamente os primeiros ensaios de altares e paramentos para as cerimônias eclesiásticas, medidas aventadas pelos pagãos convertidos, os quais, constantemente, foram adaptando a Igreja a todos os sistemas religiosos do passado. O dogma da trindade é uma adaptação da Trimúrti da Antiguidade oriental, que reunia nas doutrinas do bramanismo os três deuses — Brahma, Vishnu e Shiva. É verdade que as coisas inacessíveis ainda à vossa compreensão e que constituem os mistérios celestes só vos podem ser transmitidas em suas expressões simbólicas; mas o Catolicismo não pode aproveitar-se desse argumento para impor-se como única Doutrina infalível e soberana. Ele era uma escola religiosa, como qualquer outra que busque nortear os homens para o bem e para Deus, mas que perdeu esse objetivo, pecando constantemente por orgulho dos seus dirigentes, os quais raras vezes sabem exemplificar a piedade cristã.

A história do papado é a do desvirtuamento dos princípios do Cristianismo, porque, pouco a pouco, o Evangelho quase desapareceu sob as suas despóticas inovações. Criaram os pontífices o latim nos rituais, o culto das imagens, a canonização, a confissão auricular, a adoração da hóstia, o celibato sacerdotal e, atualmente, noventa por cento das instituições são de origem humaníssima, fora de quaisquer características divinas.

3. 5 AS PRETENSÕES ROMANAS

Perdido o cetro da sua hegemonia na Antiguidade, o espírito de supremacia perdurou, entretanto, na grande cidade, outrora teatro de todos os aviltamentos e corrupções da Humanidade. Foi dessa ânsia de operar um retrospecto da História que nasceu provavelmente o desejo de o bispo romano arvorar-se em chefe do Cristianismo; o que Roma perdera, com o progresso e com a expansão dos povos, reaveria nos domínios das coisas espirituais.

E assim aconteceu.

O Vaticano, porém, não soube senão produzir obras de caráter exclusivamente material, tornando-se potência de poder e autoridade temporais. Afogou-se na vaidade, obtendo o que procurava, porquanto tem o seu império na Terra, que ainda não é o Reino de Jesus. O seu fastígio, as suas suntuosas basílicas, as suas pomposas solenidades recordam o politeísmo e as dissipações da sociedade romana e, quando o sumo-pontífice aparece em vossos dias na sédia gestatória, é o retrato dos cônsules do antigo senado quando saíam a público, precedidos de litores. O símile é perfeito.

Meu objetivo foi mostrar-vos a inexistência do selo divino nas instituições católicas. Toda a força da Igreja, na atualidade, vem da sua organização política, que busca contemporizar com a ignorância. O milagre que se operou nalguns espíritos de eleição, como o divino inspirado da Úmbria, gerou-se da beleza do Evangelho e dos tempos apostólicos, unicamente, porque, entre Jesus e o papa, entre os apóstolos e os clérigos, há uma distância imensurável.

O Vaticano conservará seu poderio enquanto puder adaptar-se a todos os costumes políticos das nacionalidades; mas, quando o Evangelho for integralmente restabelecido, quando a onda de uma reforma visceral purificar o ambiente das democracias com a luminosa mensagem da fraternidade humana, desaparecerá, não podendo ser absolvido na balança da História, porque ao lado dos poucos bens que espalhou está o peso esmagador das suas muitas iniquidades.[2]

---

[2] N.E.: Segundo dados históricos, foi com a instituição dos concílios, a partir do séc. IV, que se iniciaram as deturpações da Igreja Católica, caracterizadas pelo abandono da simplicidade dos seus primeiros tempos e por ter procurado impor sua hegemonia sobre as demais religiões, culminando com a instituição do dogma da "infalibilidade papal" em 1870.
No entendimento de Emmanuel, toda a criação de dogmas e rituais desvirtuaram gradativamente a Igreja, afastando-a dos princípios divinos do Cristianismo.
A conclusão do capítulo esclarece, porém, que esse desejo de poderio político, meramente materialista, cessará "quando o Evangelho for integralmente restabelecido" e quando a "luminosa mensagem de fraternidade humana" prosperar entre todos os povos.
Percebe-se, atualmente, um grande esforço da Igreja Católica no sentido de instaurar, na Humanidade, esse espírito ecumênico, fraterno, de verdadeira tolerância e amor cristãos previstos por Emmanuel.

4
A BASE RELIGIOSA

No futuro, viverá a Humanidade fora desse ambiente de animosidade entre a Ciência e a Religião, e julgo mesmo que em nenhuma civilização pode a primeira substituir a segunda. Uma e outra se completam no processo de evolução de todas as almas para o Criador e para a perfeição de sua obra. As suas aparentes antinomias, que derivam, na atualidade, da compreensão deficiente do homem, em face dos problemas transcendentes da vida, serão eliminadas, dentro do estudo, da análise e do raciocínio.

4.1 O TÓXICO DO INTELECTUALISMO

Nos tempos modernos, mentalidades existem que pugnam pelo desaparecimento das noções religiosas do coração dos homens, saturadas do cientificismo do século e trabalhadas por ideias excêntricas, sem perceberem as graves responsabilidades dos seus labores intelectuais, porquanto hão de colher o fruto amargo das sementes que plantaram nas almas jovens e indecisas. Pede-se uma educação sem Deus, o aniquilamento da fé, o afastamento das esperanças numa outra vida, a morte da crença nos poderes de uma providência estranha aos homens. Essa tarefa é inútil. Os que se abalançam a sugerir semelhantes empresas podem ser dignos de respeito e admiração, quando se destacam por seus méritos científicos, mas assemelham-se a alguém que tivesse a fortuna de obter um oásis entre imensos desertos. Confortados e satisfeitos na sua felicidade ocasional, não veem as caravanas inumeráveis de infelizes, cheias de sede e fome, transitando sobre as areias ardentes.

4. 2 EXPERIÊNCIA QUE FRACASSARIA

O sentimento religioso é a base de todas as civilizações. Preconiza-se uma educação pela inteligência, concedendo-se liberdade aos impulsos naturais do homem. A experiência fracassaria. É ocioso acrescentar que me refiro aqui à moral religiosa, que deverá inspirar a formação do caráter e do instituto da família, e não ao sectarismo do círculo estreito das igrejas terrestres, que costumam envenenar, aí no mundo, o ambiente das escolas públicas, onde deverá prevalecer sempre o mais largo critério de liberdade de pensamento. Falo do lar e do mundo íntimo dos corações

No dia em que a evolução dispensar o concurso religioso para a solução dos grandes problemas educativos da alma do homem, a Humanidade inteira estará integrada na Religião, que é a própria verdade, encontrando-se unida a Deus, pela fé e pela Ciência então irmanadas.

4. 3 A FALIBILIDADE HUMANA

Em cada século, o progresso científico renova a sua concepção acerca dos mais importantes problemas da vida.

Raramente os verdadeiros sábios são compreendidos por seus contemporâneos. Se as contradições dos estudiosos são o sinal de que a Ciência evolve sempre, elas atestam, igualmente, a fraqueza e inconsistência dos seus conhecimentos e a falibilidade humana.

4. 4 O SUBLIME LEGADO

Diz-se que o pensamento religioso é uma ilusão. Tal afirmativa carece de fundamento. Nenhuma teoria científica, nenhum sistema político, nenhum programa de reeducação pode roubar do mundo a ideia de Deus e da imortalidade do ser, inatas no coração dos homens. As ideologias novas também não conseguirão eliminá-la.

A Religião viverá entre as criaturas, instruindo e consolando, como um sublime legado.

4. 5 RELIGIÃO E RELIGIÕES

O que se faz preciso, em vossa época, é estabelecer a diferença entre Religião e religiões.

A Religião é o sentimento divino que prende o homem ao Criador. As religiões são organizações dos homens, falíveis e imperfeitas como eles próprios; dignas de todo o acatamento pelo sopro de inspiração superior que as faz surgir, são como gotas de orvalho celeste, misturadas com os elementos da terra em que caíram. Muitas delas, porém, estão desviadas do bom caminho pelo interesse criminoso e pela ambição lamentável dos seus expositores; mas a verdade um dia brilhará para todos, sem necessitar da cooperação de nenhum homem.

4. 6 SABEDORIA INTEGRAL E ORDEM INVIOLÁVEL

Cabe-nos, pois, a nós que depois da morte já não encontramos nenhum ponto de dúvida, exclamar para os que creem e esperam:

— Ó irmãos nossos, que confiais na Providência Divina, dentro da escuridão do mundo!... Do portal de claridade do Além-túmulo, nós vos estendemos mãos fraternas!... Nossas palavras correm pelo mundo como sopro poderoso de verdades. A morte não existe, e o Espírito é a única realidade imutável da existência. Todas as Babilônias do passado jazem no pó dos tempos, com as suas glórias reduzidas a um punhado de cinzas, mas dentro do universo mil laços nos unem. Sobre as ruínas, sobre os escombros das civilizações mortas e dos templos desmoronados, nós viveremos eternamente. Uma justiça soberana, íntegra e misericordiosa preside aos nossos destinos. Na Terra ou no Espaço, unamos os nossos esforços pelo bem coletivo. Guardai convosco o sagrado patrimônio das crenças, porque, acima das coisas transitórias do mundo, há uma sabedoria integral e uma ordem inviolável. Lutemos, pois, com destemor e coragem, porque Deus é justo e a alma é imortal.

5
A NECESSIDADE DA EXPERIÊNCIA

Em vossos dias, a luta a cada momento recrudesce sobre a face do mundo; inúmeras causas a determinam, e Deus permite que ela seja intensificada, em benefício de todos os seus filhos. Todas as classes são obrigadas a grandes trabalhos, mormente aos trabalhos intelectuais, porquanto procuram, com afinco, a solução da crise generalizada em todos os países.

Ponderando a grande soma dos males atuais, buscam elas remédios para as suas preocupações, espantadas com a situação econômica dos povos, cuja precariedade recai sobre a vida das individualidades, multiplicando as suas angústias na luta pelo pão cotidiano.

O quadro material que existe na Terra não foi formado pela Vontade do Altíssimo; ele é o reflexo da mente humana, desvairada pela ambição e pelo egoísmo.

O Céu admite apenas que o mundo sofra as consequências de tão perniciosos elementos, porque a experiência é necessária como chave bendita que descerra as portas da compreensão.

Cada um, pois, medite no quinhão de responsabilidades que lhe toca e não evite o trabalho que eleva às alturas.

5. 1 O MOMENTO DAS GRANDES LUTAS

Há quem despreze a luta, mergulhando em nociva impassibilidade ante os combates que se travam no seio de todas as coletividades humanas; a indiferença anula na alma as suas possibilidades de progresso e oblitera os seus germens de perfeição, constituindo um dos piores estados psíquicos, porque, roubando à individualidade o entusiasmo do ideal pela vida, a obriga ao estacionamento e à esterilidade, prejudiciais em todos os aspectos à sua carreira evolutiva.

Semelhante situação não se pode, todavia, eternizar, pois para todos os Espíritos, talhados todos para o supremo aperfeiçoamento, raia, cedo ou tarde, o instante da compreensão que os impele a contemplar os altos cimos... A alma estacionária, até então refratária às pugnas do progresso, sente em si a necessidade de experiências que lhe facultarão o meio de alcançar as culminâncias vislumbradas... Atira-se aí à luta com devoção e coragem. Vezes inúmeras fracassa em seus bons propósitos, porém, é nesse turbilhão de incessantes combates que ela evoluciona para a perfeição infinita, desenvolvendo as suas possibilidades, aprimorando os seus poderes, enobrecendo-se, enfim.

5.2 OS PLANOS DO UNIVERSO SÃO INFINITOS

Para os desencarnados da minha esfera, o primeiro dia do Espírito é tão obscuro como o primeiro dia do homem o é para a Humanidade. Somente sabemos que todos nós, indistintamente, possuímos germens de santidade e de virtude, que podemos desenvolver ao infinito.

Podendo conhecer a causa de alguns dos fenômenos do vosso mundo de formas, não conhecemos o mundo causal dos efeitos que nos cercam, os quais constituem para vós outros, encarnados, matéria imponderável em sua substância.

Se para o vosso olhar existem seres invisíveis, também para o nosso eles existem, em modalidade de vida que ainda estudamos nos seus primórdios, porquanto os planos da evolução se caracterizam pela sua multiplicidade dentro do Infinito.

Aqui reconhecemos quão sublime é a lei de liberdade das consciências, e dessa emancipação provém a necessidade da luta e do aprendizado.

5.3 O PROGRESSO ISOLADO DOS SERES

A Ciência, a Arte, a Cultura, a virtude, a inteligência não constituem patrimônios eventuais do homem, conforme podeis observar; semelhantes atributos só se revelam, na Terra, nos organismos dos gênios, os quais representam a súmula de extraordinários esforços individuais, em existências numerosas de sacrifício, abnegação e trabalho constantes. Todos os seres, portanto, laboram insuladamente, na aquisição dessas prerrogativas, de acordo com as suas vocações naturais, dentro das lutas planetárias.

Paulatinamente, vencem imperfeições, aparam arestas, aniquilam defeitos em suas almas, norteando-as para o progresso, último objetivo de todas as nossas cogitações comuns.

5. 4 O FUTURO É A PERFEIÇÃO

Integrada no conhecimento de suas próprias necessidades de aprimoramento, a alma jamais abandona a luta. Volta às existências preparatórias do seu futuro glorioso. Reúne-se aos seres que lhe são afins, desenvolvendo a sua atividade perseverante e incansável nos carreiros da evolução.

Em existências obscuras, ao sopro das adversidades, amontoa os seus tesouros imortais, simbolizados nas lições que aprende, devotadamente, nos sofrimentos que lhe apuram a sensibilidade. Cada etapa alcançada é um ciclo de dores vencidas e de perfeições conquistadas.

5. 5 O QUE SIGNIFICAM AS REENCARNAÇÕES

Cada encarnação é como se fora um atalho nas estradas da ascensão. Por esse motivo, o ser humano deve amar a sua existência de lutas e de amarguras temporárias, porquanto ela significa uma bênção divina, quase um perdão de Deus.

A golpes de vontade persistente e firme, o Espírito alcança elevados pontos na sua escalada, nos quais não mais estacionará no caminho escabroso, mas sentirá cada vez mais a necessidade de evolução e de experiência, que o ajudarão a realizar em si as perfeições divinas.

6
PELA REVIVESCÊNCIA DO CRISTIANISMO

Irmãos e amigos. Ainda é para o estudo e a prática do Evangelho, em sua primitiva pureza, que tereis de voltar o vosso entendimento, se quiserdes salvar da destruição o patrimônio de conquistas grandiosas da vossa civilização.

6.1 ÉPOCA DE DESOLAÇÃO

Tocastes a época da desolação, em que os homens não mais se compreendem uns aos outros. A morte de todos os vossos ideais de concórdia, a falência dos vossos institutos pró-paz requerem a atenção acurada da Sociologia, e esta somente poderá solucionar os problemas que vos assoberbam, cheios de complexidade e transcendência, com o estudo do Evangelho do Cristo, porém, não segundo os ditames da convenção social, que de há muitos séculos vem transformando o ideal de perfeição do Crucificado num acervo de exterioridades, que os homens adotaram por questão de esnobismo ou de acordo com os interesses da facção ou da personalidade.

Novos sistemas políticos, sobre as bases dos nacionalismos que vêm criando no seio dos povos a terrível autarquia, ou sobre os alicerces frágeis desse comunismo que objetiva a extinção do sagrado instituto da família, apenas correrão o orbe com a sua feição de ideologias ocas, envenenando os espíritos e intoxicando as consciências.

6. 2 A NORMA DE AÇÃO EDUCATIVA

O psicólogo, o pedagogista, o formador das novas gerações, para entrarem na arena da luta a prol do aperfeiçoamento de cada individualidade sobre a Terra, terão de buscar a sua norma de ação dentro do próprio Cristianismo, em sua simplicidade inicial, se não quiserem que a Humanidade atinja a culminância dos arrasamentos e das destruições.

As religiões literalistas passaram, desdobrando com as suas filosofias, sobre a fronte da Humanidade, um manto rico de fantasias e de concepções variadas, mas baldas de essência e de espírito que lhes vivificassem os ensinamentos.

6. 3 A FALHA DA IGREJA ROMANA

A Igreja Católica, amigos, que tomou a si o papel de zeladora das ideias e das realizações cristãs, pouco após o regresso do Divino Mestre às regiões da Luz, falhou lamentavelmente aos seus compromissos sagrados.

Desde o concílio ecumênico de Niceia, o Cristianismo vem sendo deturpado pela influenciação dos sacerdotes dessa Igreja, deslumbrados com a visão dos poderes temporais sobre o mundo. Não valeu a missão sacrossanta do iluminado da Úmbria, tentando restabelecer a verdade e a doutrina de piedade e de amor do Crucificado para que se solucionasse o problema milenar da felicidade humana.

As castas, as seitas, as classes religiosas, a intolerância do clericalismo constituíram enormes barreiras a abafarem a voz das realidades cristãs. A moral católica falhou aos seus deveres e às suas finalidades.

A Espanha atual, alimentada de catecismo romano desde a sua formação, é bem, com os seus incêndios e depredações de tudo o que fora feito, um atestado da falência dos ensinamentos ou da orientação de Roma para alcançar o desiderato do progresso coletivo e da ética social.

Não nos é lícito influenciar os homens e as suas instituições. Todavia, podemos apreciar a influência das ideias sobre as massas, apreciando-lhes os resultados. É o que desejamos evidenciar, solicitando nossa atenção para o complexo de fenômenos dolorosos, de ordem social e política, que vindes observando há alguns anos. Fazendo-o, temos o objetivo de vos demonstrar a que resultado conduziu os povos a deturpação da palavra do Cristo, e a necessidade de voltar-se o raciocínio individual e coletivo para a compreensão dos deveres que dela decorrem.[3]

---

[3] N.E.: Emmanuel esclarece que a falência histórica da Igreja Católica se deve ao afastamento da simplicidade e prática dos Evangelhos, que Francisco de Assis veio exemplificar, mas ele ainda não havia sido entendido, em sua missão de "restabelecer a verdade e a doutrina de piedade e de amor do Crucificado".

6.4 O PROPÓSITO DOS ESPÍRITOS

O nosso propósito, na atualidade, é cooperar convosco pela obtenção da paz e da concórdia no seio da coletividade humana.

Agora, filhos, já não são mais os homens os donos do trabalho, os senhores absolutos da tarefa. Tomando por seus companheiros os de boa vontade que se acham aí no planeta, buscando o aprimoramento anímico e psíquico onde aí se encontrem, são os gênios do Espaço que, sob a égide do Divino Mestre, vêm proclamar, por entre as sociedades terrenas, as consoladoras verdades, as grandiosas verdades.

Já agora, não mais se poderá abafar o ensinamento no silêncio escuro dos calabouços, porquanto uma nova concepção do direito e da liberdade felicita as criaturas.

É em razão disso que os túmulos falam, que os mortos voltam da sombra e do amontoado das cinzas, para dizer-vos que a vida é o eterno presente e que a imortalidade, dentro dos institutos da justiça incorruptível, que nos observa e julga, é um fato incontestável.

Conclamando os homens, nossos irmãos, trazemos a todos o fruto abençoado de nossas penosas experiências, asseverando a cada um que o problema da paz e da felicidade está solucionado no estatuto divino. Todas as nossas atividades objetivam a revivescência do Cristianismo na Terra, de modo que um templo se levante em cada lar, e um hostiário em cada coração.[4]

---

[4] N.E.: A propósito, leia-se a questão nº 353, da obra *O consolador*, respondida por Emmanuel: O Espiritismo veio ao mundo para substituir outras crenças?
[...] O Espiritismo não pode guardar a pretensão de exterminar as outras crenças, parcelas da verdade que a sua Doutrina representa, trabalhando por transformá-las, elevando-lhes as concepções antigas para o clarão da verdade imortalista.

Auxiliai-nos, trazendo-nos o concurso da vossa boa vontade, do vosso querer; ajudai-nos em nossos propósitos benditos de reedificação do Templo de Jesus, de cujos altares os maus sacerdotes se descuidaram, levados pelos cantos de sereia da vaidade e dos interesses do mundo.

Que o Mestre abençoe a cada um de vós, fortalecendo-vos a fé, para que possamos com Ele, com a sua Proteção e a sua Misericórdia, vencer na luta em que nos achamos empenhados.

7
O LABOR DAS ALMAS

Descerradas as pesadas cortinas materiais que aí na Terra nos cobriam os olhos do Espírito, experimentamos, aliado às comoções de êxtase diante da imensidade, o desejo de comunicar a verdade a todas as criaturas. Como, porém, atingir semelhante desiderato?

Obstáculos inúmeros se nos antolham, avultando o da falta de um estabelecimento direto entre o plano material e o espiritual, que somente poderíamos obter através de poderosa mediunidade generalizada, capaz de registrar de maneira palpável todas as maravilhas do mundo psíquico. Todavia, o porvir humano nos faz entrever essa ligação mais íntima dos Espíritos, pertençam ou não ao orbe carnal.

7.1 DIFICULDADES DA COMUNICAÇÃO

Na atualidade, quase todo fato mediúnico constitui o fenômeno, o mistério, o acontecimento que exorbita das leis naturais, considerado, portanto, erradamente pelos seus observadores. Daí o nascerem numerosas dificuldades para que muitas entidades atuem de forma sensível em vossas existências. Mas, se lhes é impossível a comunicação direta, é fácil a sua participação em vossos afazeres, estudos, pensamentos e preocupações. Os Espíritos, prepostos a esse ou àquele mister no seio da Humanidade e da Natureza, formam um conjunto harmonioso e muito maior do que julgais.

Rompido o laço que a une à matéria, um dos primeiros pensamentos da alma é para os seres queridos que ficaram a distância, e a ansiedade de revê-los constitui um dos mais santos objetivos de suas aspirações. Nem sempre isso lhes é permitido, porquanto uma ordem indefectível preside às leis cósmicas que são as Leis Divinas. Fazem tudo, porém, para que se tornem dignas da confiança superior, e é assim que inúmeras criaturas desencarnadas se entregam, em vossos ambientes, a misteres dignificantes e redentores.

7. 2 O TRABALHO DOS ESPÍRITOS

Em vossa vida, tomam parte as entidades do Além: sem que as vejais, perambulam em vosso meio, atuam em vossos atos, sem que os vossos nervos visuais lhes registrem a presença.

Edificante é observarmos o sacrifício de tantos seres evolvidos que se consagram a sagrados labores, no planeta das sombras, quais os da regeneração de individualidades obcecadas no mal, operando abnegadamente a serviço da redenção de todas as almas, atirando-se com destemor a tarefas penosas, cheios de renúncia santificadora.

7. 3 NECESSIDADE DO SACRIFÍCIO

Fora da carne, compreende-se a excelência da abnegação e do sacrifício a prol de outrem. A maioria das nossas obras pessoais são como bolhas de água sabonada que se dispersam nos ares, porque, visando ao bem-estar e ao repouso do "eu", têm como base o egoísmo que atrofia a nossa evolução. Toda a felicidade do Espírito provém da felicidade que deu aos outros, todos os seus bens são oriundos do bem que espalhou desinteressadamente.

Compreendendo essas verdades, muitas vezes após as transformações da morte, não as assimilamos tardiamente, porque, de posse das realidades próximas do Absoluto, concatenamos as nossas possibilidades, laborando ativamente na obra excelsa do bem comum e do progresso geral, encontrando, assim, forças novas que nos habilitam a merecido êxito em novas existências de abnegação que nos levarão às esferas felizes do Universo.

Venturosos são os raros Espíritos que sentem a excelsitude dessas verdades na vida corporal. Sacrificando-se em benefício dos semelhantes, experimentam, mesmo sob a cruz das dores, a suave emoção das venturas celestes que os aguardam nos planos aperfeiçoados do Infinito.

7. 4 DESENVOLVIMENTO DA INTUIÇÃO

Faz-se mister, em vossos tempos, que busqueis desenvolver todas as vossas energias espirituais — forças ocultas que aguardam o vosso desejo para que desabrochem plenamente. O homem necessita das suas faculdades intuitivas, através de sucessivos exercícios da mente, a qual, por sua vez, deverá vibrar ao ritmo dos ideais generosos.

Cada individualidade deve alargar o círculo das suas capacidades espirituais, porquanto poderá, como recompensa à sua perseverança e esforço, certificar-se das sublimes verdades do Mundo Invisível, sem o concurso de quaisquer intermediários. O que se lhe faz, porém, altamente necessário é o amor, o devotamento, a aspiração pura e a fé inabalável, concentrados nessa luz que o coração almeja fervorosamente: esse estado espiritual aumentará o poder vibratório da mente, e o homem terá então nascido para uma vida melhor.

8
A CONFISSÃO AURICULAR

Interpelado, há dias, a respeito da confissão auricular, nada mais pude fazer que dar uma resposta resumida, de momento, adiando o instante de expender outras considerações atinentes ao assunto.

Padre católico que fui, na minha última romagem terrena, sinto-me à vontade para falar com imparcialidade sincera.

Não será a minha palavra que vá condenar qualquer religião, todas elas nascidas de uma inspiração superior que os homens viciaram, acomodando as determinações de ordem divina aos seus próprios interesses e conveniências, desvirtuando-lhes os sagrados princípios.

Todas as doutrinas religiosas têm a sua razão de ser no seio das coletividades, onde foram chamadas a desempenhar a missão de paz e de concórdia humana. Todos os seus males provêm justamente dos abusos do homem, em amoldá-las ao abismo de suas materialidades habituais; e, de fato, constitui um desses abusos a instituição da confissão auricular, pela Igreja Católica.

8. 1 A CONFISSÃO NOS TEMPOS APOSTÓLICOS

Se é verdade que, na época do precursor, os novos crentes adotavam o sistema de confessar publicamente as suas faltas e os seus erros, tal costume diferia essencialmente de tudo quanto criou a Igreja Católica, nesse particular, depois da partida para o Além, dos elevados Espíritos que lançaram, com o sangue dos seus sacrifícios e com a mais sublime renúncia dos bens terrenos, as bases da fé, as quais têm resistido ao bolor dos séculos. A confissão pública dos próprios defeitos, nos tempos apostólicos, constituía para o homem forte barreira, evitando sua reincidência na falta. Um sentimento profundo de verdadeira humildade movia o coração nesses momentos, oferecendo-lhe as melhores possibilidades de resistência ao assédio das tentações, e semelhante princípio representava como que uma vacina contra as úlceras do remorso e das chagas morais.

Todavia, os tempos decorreram e, no seu transcurso, observou-se a transformação radical de todas as leis sublimes de fraternidade cristã, anteriormente preconizadas.

8. 2 A CONFISSÃO AURICULAR E A SUA GRANDE VÍTIMA

A confissão auricular constitui uma aberração, dentro do amontoado das doutrinas desvirtuadas do romanismo. E é justamente a mulher, pelo espírito sensível de religiosidade que a caracteriza, a maior vítima do confessionário.

Infelizmente, toda a série de absurdos do inqualificável sacramento da penitência é oriunda dos superiores eclesiásticos, dos teólogos e falsos moralistas da Igreja que, perversamente, criaram os longos e indiscretos interrogatórios, aos quais terá a mulher de se submeter passivamente, diante de um homem solteiro, estranho, que ela, inúmeras vezes, nem conhece.

Os padres, geralmente, em virtude do seu desconhecimento dos sagrados deveres da paternidade, não a vão interpelar no tocante às obrigações austeras do governo da casa; ferem exatamente os problemas mais íntimos e mais delicados da vida do casal, violando o sagrado respeito das questões do lar, dando pasto aos pensamentos mais injustificáveis e, às vezes, repugnantes. E o véu de modéstia e de beleza que Deus concedeu à mulher, para que ela pudesse mergulhar qual lírio de espiritualidade nos pântanos deste mundo, é arrancado justamente por esse homem que se inculca ministro das luzes celestes. Muitas vezes, é no confessionário que começa o calvário social da mulher. Dolorosos e pesados tributos são cobrados das católicas-romanas, que, confiadas em Deus, se lançam aos pés de um homem cheio das mesmas fraquezas dos outros mortais, na enganosa suposição de que o sacerdote é a imagem da divindade do Senhor.

8. 3 REFORMA NECESSÁRIA

Não podeis calcular a imensidade de crimes perpetrados à sombra dos confessionários penumbrosos, onde almas aflitas e fervorosas buscam consolação e conforto espiritual.

O que se faz necessário em vossos dias é a reforma de semelhantes costumes. Quando essa renovação não parta das autoridades eclesiásticas, que ela possa nascer dos esforços conjugados de todos os esposos e de todos os pais, substituindo eles os confessores junto de suas esposas e de suas filhas.

Muitas vezes, quando procurado por consciências polutas, que me vinham fazer o triste relato de suas existências repletas de deslizes, eu nunca me senti com autoridade bastante para ouvi-las.

8. 4 CONFESSAI-VOS UNS AOS OUTROS

Todo o espírito do Evangelho, legado pelo Mestre à humanidade sofredora, foi deturpado pelo homem, dentro dos seus interesses mesquinhos e das suas ideias de antropomorfismo.

Por isso, nós, que já trazemos o coração trabalhado nas mais penosas experiências, podemos declarar, diante da nossa consciência e diante de Deus que nos ouve, que nenhum bem pode prodigalizar a confissão auricular ao Espírito, sendo um costume eminentemente nocivo, com os seus característicos de depravação moral, merecendo, portanto, toda a atenção da Sociologia moderna.

Confessai-vos uns aos outros, buscando de preferência aqueles a quem ofendestes e, quando a vossa imperfeição não vo-lo permita, procurai ouvir a voz de Deus, na voz da vossa própria consciência.

9
A IGREJA DE ROMA NA AMÉRICA DO SUL

A Igreja Romana movimenta-se na América do Sul. Sentindo os perigos da Europa, onde os produtos ideológicos de novas doutrinas lhe criaram uma situação profundamente embaraçosa, a organização política do Catolicismo volta-se para a América Meridional, onde os neolatinos, vivendo a existência reflexa dos grandes centros ocidentais, trabalham ainda por adquirir uma personalidade coletiva.

Os últimos congressos eucarísticos na Argentina e no Brasil representam o apogeu das suas atividades, no sentido de manter a sua falsa posição, à custa de exterioridades suntuosas, dentro daquela megalomania característica das águias dominadoras do Império Romano.

9. 1 A GRANDE USURPADORA

Vivendo à custa da economia dos que trabalham, a Igreja Romana é a atual usurpadora de grande percentagem do esforço penoso das coletividades.

Sem dúvida, a sua influência no passado beneficiou a civilização, muito embora tenha sido essa influência saturada de movimentos condenáveis, à sombra do nome de Deus e em nome do Evangelho. As guerras santas, a Inquisição, as renovações religiosas dos séculos pretéritos apoiam a nossa assertiva. As obras beneficentes da Igreja estão ainda cheias do sangue dos mártires. Quase todos os bens que o Vaticano conseguiu trazer à civilização nascente fizeram-se acompanhar de terríveis acontecimentos.[5]

9. 2 O CATOLICISMO NA EUROPA MODERNA

A Europa moderna, pobre de possibilidades econômicas e compreendendo de perto a ação defraudadora da Igreja Católica, tornou-se campo quase estéril para as suas explorações. As tendências da mentalidade geral para uma organização econômica, sobre a base da justiça que deve prevalecer em todas as leis do futuro, fizeram dos países europeus terreno impróprio para a indústria religiosa. Com exceção da política de Berlim e de Roma, outras nacionalidades europeias custariam a tolerar esses movimentos de audaciosas explorações. A mística fascista é a única que

---

[5] N.E.: Não devemos esquecer que o autor espiritual se refere, em 1938, a um contexto histórico anterior, que deu origem ao afastamento da Igreja Católica da mensagem de amor pregada por Jesus e à suntuosidade do clero romano.

procura o amparo das ilusões religiosas do Catolicismo, com o objetivo de manter a coesão popular, em torno da idolatria do Estado. Ainda agora, existem pronunciadas tendências da nova Alemanha para que se crie, nos bastidores da política hitlerista, uma Igreja nacionalizada. Mas os países democráticos, que se encaminham, com os seus estatutos de governo, para o Socialismo cristão do porvir, sentiriam dificuldade em suportar tutelas dessa natureza. Trabalhados por doutrinas libertárias, eles vêm pagando com sangue os seus progressos penosamente obtidos. Longe de nós o aplaudirmos a política nefasta de Stalin ou as suas atividades nos gabinetes de Léon Blum ou de Azaña; apenas salientamos a tendência das massas para a liberdade, sacudindo o jugo milenar do Catolicismo, que, a pretexto de prosseguir na obra cristã, apossou-se do Estado para dominar e escravizar as consciências. A Igreja, se bem haja desempenhado missão preponderante no destino desta civilização que, na atualidade, toca ao apogeu, fez mais vítimas que as dez perseguições mais notáveis, efetuadas pelos imperadores da Roma antiga contra os adeptos da abençoada doutrina do Crucificado.[6]

9. 3 A IGREJA CATÓLICA PROVOCANDO A POBREZA DO MUNDO

Integrada no conhecimento dessas grandes verdades é que a Europa de agora se apresenta como um campo

---

[6] N.E.: Refere-se ao envolvimento político da Igreja Católica nos anos que antecederam e sucederam a II Guerra Mundial, além de seu envolvimento histórico nas chamadas "guerras santas".

perigoso para as grandes concentrações católicas; e os sacerdotes romanos que, com escassas exceções, desempenham as suas funções dentro do automatismo de sibaritas, bem compreendem que a visão dos seus faustos e de suas grandezas açulam o instinto terrível das massas, trabalhadas pelas necessidades mais duras, reconhecendo intimamente que a sua Igreja tem favorecido, de modo extraordinário, os movimentos homicidas dos extremismos da atualidade, cujas lutas nefastas vêm amargurando a alma dos povos. Ninguém ignora a fortuna gigantesca que se encerra, sem benefício para ninguém, nos cofres pesados do Vaticano; os capitais que para eles se canalizam, com fertilidade assombrosa, ali repousam sem se converterem em benefício dos que trabalham, conquistando com penoso suor o pão de cada dia. Os milhões de liras que ali se arquivam, em detrimento da economia de todas as classes que produzem, têm apenas uma utilidade, que é a do engrandecimento da obra suntuária dos *humildes continuadores de Jesus.*

9. 4 AMARGOS CONTRASTES

Enquanto há fome e desolação no mundo, Sua Santidade distribui bênçãos e títulos nobiliárquicos, compensados com os mais pingues tributos de ouro. As canonizações custam verdadeiras fortunas aos países católicos. Para que a França conseguisse o altar para a sua heroína de Domrémy, muitos milhares de francos foram arrancados à economia popular. A América do Sul ainda não conseguiu alguns santos do Vaticano, em virtude da sua carência de recursos financeiros à consecução de tal projeto. Enquanto o Vaticano se entende com o Quirinal sobre as mais pesadas somas de ouro, destinadas às atividades guerreiras, os padres se reúnem e falam de paz; enquanto Pio XI se debruça nos seus ricos apartamentos, passeando pelas suas galerias de arte de todos os séculos e pelas suas vastas bibliotecas, exibindo a imagem do Crucificado nas suas sandálias, ou entregando-se ao repouso no Castel Gandolfo, há criaturas morrendo à míngua de trabalho, entregues a toda sorte de misérias e de vicissitudes.

9. 5 O MUNDO TEM SEDE DO CRISTO

Inspirando-se na inteligência de Leão XIII, que deixou a sua *Rerum novarum* como alto documento político de conciliação das classes proletárias e capitalistas, Pio XI publicou a sua *Quadragesimo anno*, tentando estabelecer barreira às doutrinas novas, que vêm pôr em xeque a falsa posição da Igreja Católica. Alguns países vêm inspirando-se nessas bulas pontifícias, para a criação de dispositivos constitucionais, aptos a manter o equilíbrio social; todavia, importa considerar que a Igreja é impotente e suspeita para tratar dos interesses dos povos. Na sua situação parasitária, não pode falar aos que trabalham e sofrem, aprendendo nas experiências mais dolorosas da vida.

A vossa civilização sente necessidade da prática evangélica, tem sede do Cristo, fome de idealismo genuinamente cristão e, diante desse surto novo de fé das coletividades, nada valem os congressos eucarísticos, porquanto é chegado o tempo de se fecharem as portas da indústria da cruz. O Cristo terá de ressurgir dos escombros em que foi mergulhado pela teologia do Catolicismo. O dogma conhecerá o seu fim com o advento das verdades novas, e é para esse movimento grandioso do porvir que os mortos vêm dar as mãos aos vivos de boa vontade.

Que a Igreja Romana se transforme, buscando guardar a essência dos exemplos terríveis desta última revolução espanhola; que as provações coletivas hajam chegado ao seu termo, sem necessidade de mais sangue, de mais lágrimas e de mais vidas; que Roma compreenda tudo isso e esclareça os seus tutelados, antes que os escravos de suas ilusões se recordem de sacudir as algemas por si mesmos; que a Lei de Jesus impere desde já, sem precisar das grandes dores que, por tantas vezes, têm lacerado o coração sofredor da Humanidade terrestre.

10
AS PRETENSÕES CATÓLICAS

> Acha possível e, sobretudo, conveniente que a Igreja volte a sagrar o Chefe do Estado no Brasil?
> Em caso afirmativo, a qual Igreja caberia essa função?
> Deverá o poder da República receber a sagração de todos os cultos?

As perguntas acima revelam o assunto palpitante dos interesses inferiores da Igreja de Roma na América do Sul, mormente no Brasil, segundo as nossas considerações em anterior comunicado.

Motivam-nas algumas declarações feitas ultimamente por um padre católico, considerando a "origem divina do poder sobre a Terra", tentando reconduzir o Estado às antigas bases absolutistas e teocráticas.

Decididamente, a Igreja não esconde o seu propósito de escravizar ainda as consciências humanas e, com os seus continuados pruridos de hegemonia sobre todos os outros cultos, revela suas fundas saudades do Santo Ofício, para algemar o pensamento dos homens às enxovias dos seus interesses.

Em pleno século XX, fala-se na necessidade de se delatarem os crimes dos pais, dos esposos, dos irmãos; preconiza-se a devassa das instituições, dos lares e das consciências. Não será surpresa para ninguém, se os padres católicos exumarem amanhã, das cinzas da Idade Média para os dias que correm, o célebre *Livro das taxas*, do tempo de Leão X, em que todos os preços do perdão para os crimes humanos estão estipulados.

10.1 O CULTO RELIGIOSO E O ESTADO

A evolução dos códigos políticos da América do Sul deveria merecer mais respeito por parte dos elementos que se acham sob as ordens do Vaticano.

Falar-se em sagração do chefe do Estado pela Igreja Romana, aliando o direito divino às obrigações políticas, depois de tantas conquistas sociais da República, seria quase uma infantilidade, se isso não representasse algo de perigoso para os próprios códigos de natureza política do país.

Nenhum culto, que se prenda a Deus pela devoção e por determinados deveres religiosos, tem o direito de interferir nos movimentos transitórios do Estado, como este último não tem o direito de intervir na vida privada da personalidade, em matéria de gosto, de sentimento e de consciência, segundo as velhas fórmulas do liberalismo. Há muito tempo, os fenômenos do progresso político dos povos proscreveram essas nefastas influências religiosas sobre a política administrativa das coletividades.

10. 2 SEMPRE COM CÉSAR

Já o próprio Cristo asseverava nas suas divinas lições: "A César o que é de César e a Deus o que é de Deus".
Mas a Igreja Católica Romana jamais ocultou sua preferência pela amizade de César.
Os tempos apostólicos, que ainda iluminam o coração da Humanidade sofredora, até os tempos modernos, pela sua união com o Evangelho, foram muito curtos. Não tardou que a organização dos bispos romanos preponderasse sobre todos os núcleos do verdadeiro Cristianismo, sufocando-os com as suas forças temporais. Inventaram-se todas as novidades para o ideal de simplicidade e pureza de Jesus e, desde épocas remotas, o Catolicismo é bem o retrato do fariseísmo dos tempos judaicos, que conduziu o Divino Mestre à crucificação. Amiga dos poderosos, em todos os tempos, bastilha do pensamento livre da Humanidade que tentou a civilização cristã, é talvez, por esse motivo, que a Igreja, pela voz dos seus teólogos mais eminentes, procurou sempre revestir o poder transitório dos felizes da Terra com um caráter de divindade. Batida pela demagogia cética de todos os filósofos e cientistas que seguiram no luminoso caminho das concepções liberais, retirada da sua posição de opressora para se transformar em instrumento humilde de outros opressores das criaturas humanas, a Igreja, na sua assombrosa capacidade de adaptação, esperou pacientemente outras oportunidades para a reaquisição dos seus poderes e de suas tiranias, e as encontrou dentro da mística do Estado totalitário.[7]

---

[7] N.E.: Continua o mentor espiritual de Chico Xavier referindo-se ao aspecto temporal da Igreja Católica.

11
MENSAGEM AOS MÉDIUNS

Venho exortar a quantos se entregaram na Terra à missão da mediunidade, afirmando-lhes que, ainda em vossa época, esse posto é o da renúncia, da abnegação e dos sacrifícios espontâneos. Faz-se mister que todos os Espíritos, vindos ao planeta com a incumbência de operar nos labores mediúnicos, compreendam a extensão dos seus sagrados deveres para a obtenção do êxito no seu elevado e nobilitante trabalho.

Médiuns! A vossa tarefa deve ser encarada como um santo sacerdócio; a vossa responsabilidade é grande, pela fração de certeza que vos foi outorgada, e muito se pedirá aos que muito receberam. Faz-se, portanto, necessário que busqueis cumprir, com severidade e nobreza, as vossas obrigações, mantendo a vossa consciência serena, se não quiserdes tombar na luta, o que seria crestar com as vossas próprias mãos as flores da esperança numa felicidade superior, que ainda não conseguimos alcançar! Pesai as consequências dos vossos mínimos atos, porquanto é preciso renuncieis à própria personalidade, aos desejos e aspirações de ordem material, para que a vossa felicidade se concretize.

11. 1 VIGIAR PARA VENCER

Felizes daqueles que, saturados de boa vontade e de fé, laboram devotadamente para que se espalhe no mundo a Boa-Nova da imortalidade. Compreendendo a necessidade da renúncia e da dedicação, não repararam nas pedras e nos acúleos do caminho, encontrando nos recantos do seu mundo interior os tesouros do auxílio divino. Acendem nos corações a luz da crença e das esperanças, e se, na maioria das vezes, seguem pela estrada incompreendidos e desprezados, o Senhor enche com a luz do seu amor os vácuos abertos pelo mundo em suas almas, vácuos feitos de solidão e desamparo.

Infelizmente, a Terra ainda é o orbe da sombra e da lágrima, e toda tentativa que se faz pela difusão da verdade, todo trabalho para que a luz se esparja fartamente encontram a resistência e a reação das trevas que vos cercam. Daí nascem as tentações que vos assediam, e partem as ciladas em que muitos sucumbem, à falta da oração e da vigilância apregoadas no Evangelho.

11. 2 QUEM SÃO OS MÉDIUNS NA SUA GENERALIDADE

Os médiuns, em sua generalidade, não são missionários na acepção comum do termo; são almas que fracassaram desastradamente, que contrariaram, sobremaneira, o curso das Leis Divinas, e que resgatam, sob o peso de severos compromissos e ilimitadas responsabilidades, o passado obscuro e delituoso. O seu pretérito, muitas vezes, se encontra enodoado de graves deslizes e de erros clamorosos. Quase sempre, são Espíritos que tombaram dos cumes sociais, pelos abusos do poder, da autoridade, da fortuna e da inteligência, e que regressam ao orbe terráqueo para se sacrificarem em favor do grande número de almas que desviaram das sendas luminosas da fé, da caridade e da virtude. São almas arrependidas que procuram arrebanhar todas as felicidades que perderam, reorganizando, com sacrifícios, tudo quanto esfacelaram nos seus instantes de criminosas arbitrariedades e de condenável insânia.

11. 3 AS OPORTUNIDADES DO SOFRIMENTO

As existências dos médiuns, em geral, têm constituído romances dolorosos, vidas de amargurosas dificuldades, em razão da necessidade do sofrimento reparador; suas estradas, no mundo, estão repletas de provações, de continências e desventuras. Faz-se, porém, necessário que reconheçam o ascetismo e o padecer como belas oportunidades que a magnanimidade da Providência lhes oferece, para que restabeleçam a saúde dos seus organismos espirituais, combalidos nos excessos de vidas mal orientadas, nas quais se embriagaram à saciedade com os vinhos sinistros do vício e do despotismo.

Humilhados e incompreendidos, faz-se mister que reconheçam todos os benefícios emanantes das dores que purificam e regeneram, trabalhando para que representem, de fato, o exemplo da abnegação e do desinteresse, reconquistando a felicidade perdida.

11. 4 NECESSIDADE DA EXEMPLIFICAÇÃO

Todos os médiuns, para realizarem dignamente a tarefa a que foram chamados a desempenhar no planeta, necessitam identificar-se com o ideal de Jesus, buscando para alicerce de suas vidas o ensinamento evangélico, em sua divina pureza; a eficácia de sua ação depende do seu desprendimento e da sua caridade, necessitando compreender, em toda a amplitude, a verdade contida na afirmação do Mestre: "Dai de graça o que de graça receberdes".

Devendo evitar, na sociedade, os ambientes nocivos e viciosos, podem perfeitamente cumprir seus deveres em qualquer posição social a que forem conduzidos, sendo uma de suas precípuas obrigações melhorar o seu meio ambiente com o exemplo mais puro de verdadeira assimilação da Doutrina de que são pregoeiros.

Não deverão encarar a mediunidade como um dom ou como um privilégio, sim como bendita possibilidade de reparar seus erros de antanho, submetendo-se, dessa forma, com humildade, aos alvitres e conselhos da Verdade, cujo ensinamento está, frequentemente, numa inteligência iluminada que se nos dirige, mas que se encontra igualmente numa provação que, humilhando, esclarece ao mesmo tempo o Espírito, enchendo-lhe o íntimo com as claridades da experiência.

11.5 O PROBLEMA DAS MISTIFICAÇÕES

O problema das mistificações não deve impressionar os que se entregam às tarefas mediúnicas, os quais devem trazer o Evangelho de Jesus no coração. Estais muito longe ainda de solucionar as incógnitas da Ciência espírita, e se aos médiuns, às vezes, torna-se preciso semelhante prova, muitas vezes os acontecimentos dessa natureza são também provocados por muitos daqueles que se socorrem das suas possibilidades.

Tende o coração sempre puro. É com a fé, com a pureza de intenções, com o sentimento evangélico, que se podem vencer as arremetidas dos que se comprazem nas trevas persistentes. É preciso esquecer os investigadores cheios do espírito de mercantilismo!... Permanecei na fé, na esperança e na caridade em Jesus Cristo, jamais olvidando que só pela exemplificação podereis vencer.

11.6 APELO AOS MÉDIUNS

Médiuns, ponderai as vossas obrigações sagradas! preferi viver na maior das provações a cairdes na estrada larga das tentações que vos atacam, insistentemente, em vossos pontos vulneráveis.

Recordai-vos de que é preciso vencer, se não quiserdes soterrar a vossa alma na escuridão dos séculos de dor expiatória. Aquele que se apresenta no Espaço como vencedor de si mesmo é maior que qualquer dos generais terrenos, exímio na estratégia e tino militares. O homem que se vence faz o seu corpo espiritual apto a ingressar em outras esferas e, enquanto não colaborardes pela obtenção desse organismo etéreo, por meio da virtude e do dever cumprido, não saireis do círculo doloroso das reencarnações.

12
A PAZ DO ÚLTIMO DIA

Já pensastes na paz do último dia na Terra?

Há, na alma prestes a regressar à sua eterna pátria, um mundo de sensações desconhecidas.

Nesses olhos nublados de pranto, num corpo lavado pelo copioso suor da agonia, gangrenado e semiapodrecido, onde os órgãos rebeldes, em conflito, são centros das mais violentas e rudes dores, existe todo um amontoado de mistérios indecifráveis para aqueles que ficam.

Nesses rápidos minutos, um turbilhão de pensamentos represa-se nesse cérebro esgotado pelos sofrimentos... O Espírito, no limiar do túmulo, sente angústia e receio; e, nos estertores de sua impotência, vê, numa continuidade assombrosa de imagens movimentadas, toda a inutilidade das ilusões da vida material. Todas as suas vaidades e enganos tombam furiosamente, como se um ciclone impiedoso os arrancasse do seu íntimo, e os que somente para esses enganos viveram sentem-se, na profundeza de suas consciências, como se atravessassem um deserto árido e extenso; todos os erros do passado gritam nos seus corações, todos os deslizes se lhes apresentam, e nessa quietude aparente de uns lábios que se cerram no doloroso ricto da morte, existem brados de blasfêmia e desesperação, que não escutais, em vosso próprio benefício.

Para esses Espíritos, não existe a paz do último dia. Amargurados e desditosos, lançam ao passado o olhar e reflexionam: "Ah! se eu pudesse voltar aos tempos idos!...".

12. 1 OS QUE SE DEDICAM ÀS COISAS ESPIRITUAIS

Nunca nos cansaremos de repetir que a existência no orbe terreno constitui, para as almas mais ou menos evolvidas, um estágio de aprendizado ou de degredo; junto desses seres sensíveis, vivem os Espíritos retardados no seu adiantamento e aqueles que se encontram no início da evolução. Para todos, porém, a luta é a lei purificadora. Os que vivem com mais dedicação às coisas do Espírito, esses encontram maiores elementos de paz e felicidade no futuro; para eles, que sofreram mais, em razão do seu afastamento da vida mundana, a morte é um remanso de tranquilidade e de esperança. Encontrarão a paz ambicionada nos seus dias de lágrimas torturantes, e sociedades esclarecidas os esperam em seu seio, para celebrarem dignamente os seus atos de heroísmo na tarefa árdua de resistência às inúmeras seduções que a existência planetária oferece.

12. 2 AS ALMAS TORTURADAS

Quão triste, todavia, é a situação dos que no mundo se apegaram, demasiadamente, às alegrias mentirosas e aos prazeres fictícios. Muitos anos de dor os aguardam, nas regiões espirituais, onde contemplam incessantemente os quadros do seu pretérito, em desoladoras visões retrospectivas, na posse imaginária das coisas que os obsidiam. Amantes do ouro, ali ouvem, continuadamente, o tilintar de suas supostas moedas; ingratos, escutam os que foram enganados pelas suas traições; cenas penosas se verificam, e muitas almas piedosas se entregam ao mister de guias e condutores desses Espíritos enceguecidos na ilusão e nos tormentos. Só o amor dessas almas carinhosas permite que as esperanças não desfaleçam, cultivando-as incessantemente no coração abatido e desolado dos sofredores, a fim de que renasçam para os resgates necessários.

12. 3 A OUTRA VIDA

A vida no Além é também atividade, trabalho, luta, movimento. Se as almas estão menos submetidas ao cansaço, não combatem menos pelo seu aperfeiçoamento.
A lei das afinidades a tudo preside, entre os seres despidos dos indumentos carnais, e, liberto o Espírito dos laços que o agrilhoavam à matéria, recebe o apelo de quantos se afinam pelas suas preferências e inclinações.

12. 4 ESPÍRITOS FELIZES

Bem-aventurados todos aqueles que, ao palmilharem seus derradeiros caminhos, encontram a alvorada da paz, luminosa e promissora; nos celeiros da luz, recolhem o pão da verdade e da sabedoria, porque bem souberam cumprir suas obrigações morais.

À sombra das árvores magnânimas que plantaram com os seus atos de caridade, de fé e de esperança, repousam a cabeça dilacerada nos amargores da Terra; divinas inspirações descem das alturas sobre as suas mentes, que iluminam como tabernáculos sagrados e, interpretando fielmente as disposições da vontade diretora do Universo, transformam-se em mensageiros do Altíssimo.

12. 5 AOS MEUS IRMÃOS

Homens, meus irmãos, considerai a fração de tempo da vossa passagem pela Terra. Observai o exemplo das almas nobres que, em épocas diferentes, vos trouxeram a palavra do Céu na vossa ingrata linguagem; suas vidas estão cheias de sacrifícios e dedicações dolorosas. Não vos entregueis aos desvios que conduzem ao materialismo dissolvente. Olhando o vosso passado, que constitui o passado da própria Humanidade, uma cruciante amargura domina o vosso espírito: atrás de vós, a falência religiosa, ante os problemas da evolução, impele-vos à descrença e ao egoísmo; muitos se recolhem nas suas posições de mando e há uma sede generalizada de gozo material, com a perspectiva do nada, que a maioria das criaturas acredita encontrar no caminho silencioso da morte; mas eis que, substituindo as religiões que faliram, à falta de cultivadores fiéis, ouve-se a voz do Espírito da Verdade em todas as regiões da Terra. Os túmulos falam, e os vossos bem-amados vos dizem das experiências adquiridas e das dores que passaram. Há um sublime conúbio do Céu com a Terra.

Vinde ao banquete espiritual onde a verdade domina em toda a sua grandiosa excelsitude. Vinde sem desconfianças, sem receios, não como novos Tomés, mas como almas necessitadas de luz e de liberdade; não basta virdes com o espírito de criticismo, é preciso trazerdes um coração que saiba corresponder com sentimento elevado a um raciocínio superior.

Outros mundos vos esperam na imensidade, onde os sóis realizam os fenômenos de sua eterna trajetória. Dilatai vossa esperança, porque um dia chegará em que, na Terra, devereis abandonar o exílio onde chorais como seres desterrados. Que todos vós possais, no ocaso da existência, contemplar no céu da vossa consciência estrelas resplandecentes da paz que representará a vossa glorificação imortal.

II
DOUTRINANDO A CIÊNCIA

13
AS INVESTIGAÇÕES DA CIÊNCIA

Não é condenável, sob o ponto de vista do bom senso, sem quaisquer dogmatismos intransigentes, a dúvida que levou a Ciência da vossa época a se recolher nas realidades positivas; é claro que, segundo a opinião religiosa, o materialismo é pernicioso, debaixo de todas as modalidades em que se nos apresente, mas é necessário vos convencerdes de que em qualquer circunstância predomina sempre a lei do progresso.

O ateísmo reinante deriva dos abusos dogmáticos que a intransigência de alguns sistemas tem pretendido impor à consciência humana, livre em suas íntimas expansões. Todavia, na certeza absoluta da evolução que se realiza, através de todos os óbices interpostos no seu caminho pela ignorância e pela má-fé, eis que, na atualidade, a própria dúvida serve de base ao monumento da fé raciocinada do futuro.

13. 1 O RESULTADO DAS INVESTIGAÇÕES

Vê-se a Ciência no dever de investigar, de estudar, e, no seu afã incessante de saber, rolam por terra ideias errôneas, mantidas até hoje como alicerces de todas as suas perquirições, como, por exemplo, a da teoria da indivisibilidade atômica. Descobrindo centros imponderáveis de atração, como os electrônios componentes do átomo infinitesimal e os iônios, atinge a verdade, quanto às teorias da vibração, que preside, na base da matéria cósmica, a todos os movimentos da vida no Universo.

A Ciência infatigável procura, agora, a matéria-padrão, a força-origem, simplificada, da qual crê emanarem todos os compostos, e é nesse estudo proveitoso que ela própria, afirmando-se ateia, descrente, caminha para o conhecimento de Deus.

13. 2 O FRACASSO DE MUITAS INICIATIVAS

Não são poucos os estudiosos que procuram investigar os domínios da Ciência psíquica, na sede de encontrar o lado verdadeiro da vida; porém, se muitas vezes acham apenas o malogro das suas esperanças, o soçobro dos seus ideais, é que se entregam a estudos arriscados sem preparação prévia para resolver tão altas questões, errando voluntariamente com espírito de criticismo, muitas vezes injustificável, já que não é filho de raciocínio acurado, profundo. O êxito no estudo de problemas tão transcendentais demanda a utilização de fatores morais, raramente encontrados; daí a improdutividade de entusiasmos e desejos que podem ser ardentes e sinceros.

13. 3 O UTILITARISMO

A ausência de demonstrações histológicas não implica a inexistência do Espírito. É essa certeza que compete à Ciência atingir.

Muitos obstáculos, contudo, se opõem à obtenção desse desiderato, aliando-se ao preconceito acadêmico o utilitarismo desenfreado que infesta a política e a Religião; é ele o maior inimigo da expansão das verdades espiritualistas no mundo, porque oriundo de interesses inferiores e mesquinhos. A própria tendência ao ateísmo, imperante em quase todas as classes sociais, é um derivativo lógico do espírito de interesse, que tem destruído a beleza dos princípios religiosos, desvirtuados pelo utilitarismo de falsos missionários.

Mas confiemos na influência do Espiritualismo; em futuro próximo, a sua atuação eminentemente benéfica há de se fazer sentir, destruindo tudo quanto de nocivo e inútil encontrar em sua passagem.

13. 4 OS TEMPOS DO PORVIR

Marchamos, pois, para uma época de crença firme e consoladora, que derramará o bálsamo da fé pura e iluminada sobre as almas que adorarão o Criador, sem qualquer véu de formalidades inadequadas e obsoletas.

Semelhantes transformações serão efetuadas após muitas lutas, que encherão de receios e de espantos os Espíritos encarnados. Lembremo-nos, porém, de que "Deus está no leme".

É esse o porvir do orbe em que viveis. Contudo, quanto tempo decorrerá, até que essa nova era brilhe nos horizontes do entendimento humano? Ignoramos. Conjuguemos, todavia, os nossos esforços a fim de alcançarmos esse desiderato.

Demonstrai, com o vosso exemplo, que a luz permanece em vossos corações e cooperareis conosco, em favor dessas mutações precisas.

Toda reforma terá de nascer no interior. Da iluminação do coração vem a verdadeira cristianização do lar, e do aperfeiçoamento das coletividades surgirá o novo e glorioso dia da Humanidade.

14
A SUBCONSCIÊNCIA NOS FENÔMENOS PSÍQUICOS

Todas as teorias que pretendem elucidar os fenômenos mediúnicos, alheios à Doutrina Espírita, pecam pela sua insuficiência e falsidade.

Em vão, procura-se complicar a questão com termos rebuscados, apresentando-se as hipóteses mais descabidas e absurdas, porquanto os conhecimentos hodiernos da Física, da Fisiologia e da Psicologia não explicam fatos como os de levitação, de materialização, de natureza, afinal, genuinamente espírita.

Para a Ciência ancilosada nas concepções dogmáticas de cada escola, a fenomenologia mediúnica não deve constituir objeto de ridículo e de zombaria, mas sim um amontoado de materiais preciosos à sua observação.

Felizmente, se muitos dos pesquisadores criaram os mais complicados sistemas elucidativos, cheios de extravagância nas suas enganadoras ilações, alguns deles, desassombradamente, têm colaborado com a Filosofia espiritualista para a consecução dos seus planos grandiosos, que implicam a felicidade humana.

14. 1 A SUBCONSCIÊNCIA

A subconsciência, tão investigada em vosso tempo, não elucida os problemas dos chamados fenômenos intelectuais. Os estudos levados a efeito sobre essa câmara escura da mente são ainda mal orientados e, apesar disso, muitas teorias apressadas presumem explicar todo o mediunismo com a sua estranha influência sobre o "eu" consciente. De fato, existem os fenômenos subliminais; todavia, a subconsciência é o acervo de experiências realizadas pelo ser em suas existências passadas. O Espírito, no labor incessante de suas múltiplas existências, vai ajudando as séries de suas conquistas, de suas possibilidades, de seus trabalhos; no seu cérebro espiritual organiza-se, então, essa consciência profunda, em cujos domínios misteriosos se vão arquivando as recordações, e a alma, em cada etapa da sua vida imortal, renasce para uma nova conquista, objetivando sempre o aperfeiçoamento supremo.

14. 2 O OLVIDO TEMPORÁRIO

O esquecimento, nessas existências fragmentárias, obedecendo às leis superiores que presidem ao destino, representa a diminuição do estado vibratório do Espírito, em contato com a matéria. Esse olvido é necessário, e, afastando-se os benefícios espirituais que essa questão implica, à luz das concepções científicas, pode esse problema ser estudado atenciosamente.

Tomando um novo corpo, a alma tem necessidade de adaptar-se a esse instrumento. Precisa abandonar a bagagem dos seus vícios, dos seus defeitos, das suas lembranças nocivas, das suas vicissitudes nos pretéritos tenebrosos. Necessita de nova virgindade; um instrumento virgem lhe é então fornecido. Os neurônios desse novo cérebro fazem a função de aparelhos quebradores da luz; o sensório limita as percepções do Espírito, e, somente assim, pode o ser reconstruir o seu destino. Para que o homem colha benefícios da sua vida temporária, faz-se mister que assim seja.

Sua consciência é apenas a parte emergente da sua consciência espiritual; seus sentidos constituem apenas o necessário à sua evolução no plano terrestre. Daí, a exiguidade das suas percepções visuais e auditivas, em relação ao número inconcebível de vibrações que o cercam.

14. 3 AS RECORDAÇÕES

Todavia, dentro dessa obscuridade requerida pela sua necessidade de estudo e desenvolvimento, experimenta a alma, às vezes, uma sensação indefinível... é uma vocação inata que a impele para esse ou aquele caminho; é uma saudade vaga e incompreensível, que a persegue nas suas meditações; são os fenômenos introspectivos, que a assediam frequentemente.

Nesses momentos, uma luz vaga da subconsciência atravessa a câmara de sombras, impostas pelas células cerebrais, e, através dessa luz coada, entra o Espírito em vaga relação com o seu passado longínquo; tais fatos são vulgares nos seres evolvidos, sobre quem a carne já não exerce atuação invencível. Nesses vagos instantes, parece que a alma encarnada ouve o tropel das lembranças que passam em revoada; aversões antigas, amores santificantes, gostos aprimorados, de tudo aparece uma fração no seu mundo consciente; mas faz-se mister olvidar o passado para que se alcance êxito na luta.

15
A IDEIA DA IMORTALIDADE

Embalde os corifeus do ateísmo propagarão as suas amargas teorias, cujo objetivo é o aniquilamento da ideia da imortalidade entre os homens; embalde o ensino de novos sistemas de educação, dentro das inovações dos códigos políticos, tentará sufocá-la, porque todas as criaturas nascem na Terra com ela gravada nos corações, inclusive os pretensos incrédulos, cuja mentalidade, não conseguindo solucionar os problemas complexos da vida, se revolta, imprecando contra a Sabedoria Suprema, como se os seus gritos blasfematórios pudessem obscurecer a luz do amor divino, estacando os sublimes mananciais da vida. Pode a política obstar à sua manifestação, antepondo-lhe forças coercitivas: a ideia da imortalidade viverá sempre nas almas, como a aspiração latente do belo e do perfeito.

Acima do poder temporal dos governantes e da moral duvidosa dos pregadores das religiões, ela continuamente prosseguirá dulcificando os corações e exaltando as esperanças, porque significa em si mesma o luminoso patrimônio da alma encarnada, como recordação perene da sua vida no Além, simbolizando o laço indestrutível que une a existência terrena à vida eterna, vislumbrada, assim, pela sua memória temporariamente amortecida.

15. 1 A IDEIA DE DEUS

Desde os pródromos da civilização, a ideia da imortalidade é congênita no homem. Todas as concepções religiosas da mais remota Antiguidade, se bem que embrionárias e grosseiras em suas exteriorizações, no-la atestam. Entre as raças bárbaras abundaram as ideias terroristas de um Deus, cuja cólera destruidora se abrandaria à custa dos sacrifícios humanos e dos holocaustos de sangue, e, por toda parte, onde os homens primitivos deixaram os vestígios de sua passagem, vê-se o sinal de uma Divindade a cuja providência e sabedoria as criaturas entregavam confiadamente os seus destinos.

15. 2 A CONSCIÊNCIA

Na história de todos os povos, observa-se a tendência religiosa da Humanidade; é que em toda personalidade existe uma fagulha divina — a consciência, que estereotipa em cada Espírito a grandeza e a sublimidade de sua origem; no embrião, a princípio rude nas suas menores manifestações, a consciência se vai despindo dos véus de imperfeição e bruteza que a rodeiam, debaixo da influência de muitas vidas do seu ciclo evolutivo, em diferentes círculos de existência, até que atinja a plenitude do aperfeiçoamento psíquico e o conhecimento integral do seu próprio "eu", que, então, se unirá ao centro criador do Universo, no qual se encontram todas as causas reunidas e de onde irradiará o seu poema eterno de sabedoria e de amor.

É a consciência, centelha de Luz Divina, que faz nascer em cada individualidade a ideia da verdade, relativamente aos problemas espirituais, fazendo-lhe sentir a realidade positiva da vida imortal, atributo de todos os seres da Criação.

15. 3 O ANTROPOMORFISMO

Nos tempos primevos, como na atualidade, o homem teve uma concepção antropomórfica de Deus. Nos períodos primários da civilização, como preponderavam as leis da força bruta e a Humanidade era uma aglomeração de seres que nasciam da brutalidade e da aspereza, que apenas conheciam os instintos nas suas manifestações, a adoração aos seres invisíveis que personificavam os seus deuses era feita de sacrifícios inadmissíveis em vossa época. Hodiernamente, nos vossos tempos de egoísmo utilitário, Deus é considerado como poderoso magnata, a quem se pode peitar com bajulação e promessa, no seio de muitas doutrinas religiosas.

15. 4 O CULTO DOS MORTOS

Dentro, porém, de quase todas as ideias dessa natureza, no seio das raças primigênias, em seus remotíssimos agrupamentos, o culto dos mortos atinge proporções espantosas. Inúmeras eram as tribos que se entregavam às invocações dos traspassados, por meio de encantamentos e de cerimônias de magia. As excessivas homenagens aos mortos, no seio da civilização dos egípcios, constituem, até em vossos dias, objeto de estudos especiais. Toda a vida oriental está amalgamada nos mistérios da morte e, no Ocidente, pode-se reparar, entre as raças primitivas, a do povo celta como a depositária de tradições longínquas, que diziam respeito à espiritualidade.

15. 5 A EVOLUÇÃO DOS SISTEMAS RELIGIOSOS

A ideia da imortalidade é latente em todas as almas e é o substrato de todas as religiões antigas e modernas.

Os sistemas religiosos, em cada período de progresso humano, renovam-se na fonte de verdade relativa que promana do Alto, compatível com a época.

Nos tempos modernos, as ideias novas, referentes ao Espiritualismo e à imortalidade, necessitam difusão por toda parte. Não mais a concepção de um Deus terrível, criando a eternidade dos tormentos, segundo a Teologia em voga, que tem ensinado erradamente a ideia de um paraíso beatífico, insípido, e um inferno aterrador, irremissivelmente eterno; não mais a Religião que malsina o progresso e a investigação, mas a ideia pura e verdadeira da imortalidade para todas as criaturas, a vida estuando em todo o Universo, e a luta em todos os seus mais recônditos redutos argamassando, à custa dos esforços de cada um, o portentoso edifício da evolução humana.

# 16
AS VIDAS SUCESSIVAS E OS MUNDOS HABITADOS

Alguns estudiosos, há muitos séculos, guardam as verdadeiras concepções do Universo, o qual não se encontra circunscrito ao minúsculo orbe terreno e é representado pelo infinito dos mundos, dentro do infinito de Deus.

Não obstante as teorias do sistema geocêntrico, que encarava a Terra como o centro do grupo de planetas em que vos encontrais, a ideia da multiplicidade dos sóis vinha, de há muito, animando o cérebro dos pensadores da Antiguidade.

Apesar da objetiva dos vossos telescópios, que descortinam, na imensidade, "as terras do céu", julga-se erradamente que apenas o vosso mundo oferece condições de habitabilidade e somente nele se verifica o florescimento da vida.

Infelizmente, são inúmeros os que duvidam dessa realidade inconteste, aprisionados em escolas filosóficas que pecam pelo seu caráter obsoleto e incompatível com a evolução da Humanidade, em geral.

É que não reconhecem que a Terra minúscula é apenas um ponto obscuro e opaco no concerto sideral, e nada de singular existe nela que lhe outorgue, com exclusividade, o privilégio da vida; em contraposição aos assertos dos negadores, podeis notar, cientificamente, que é mesmo, em vosso plano, o local do Universo onde a vida encontra mais dificuldades para se estabelecer.

16. 1 ESPONTANEIDADE IMPOSSÍVEL

Grande é a tortura dos seres racionais que, no mundo terráqueo, buscam guarda para as suas aspirações de progresso, porquanto, do berço ao túmulo, suas existências representam grande soma de esforços combatendo com a natureza inconstante, com as mais diversas condições climatéricas, arrasadoras da saúde e causas de um combate acérrimo da parte do homem, porque não lhe é possível viver em afinidade perfeita com a natureza submetida às mais bruscas mutações, sendo obrigado a criar a sua moradia, organizar a sua habitação, que representa, de fato, a sua escravidão primeira, impedindo-lhe uma existência cheia de harmonia e espontaneidade.

O vosso mundo vos obriga a uma vida artificial, já que sois obrigados a buscar, cotidianamente, o sustento do corpo que se gasta e consome nessa batalha sem tréguas. Nele, as mais belas faculdades espirituais são frequentemente sufocadas, em virtude das mais imperiosas necessidades da matéria.

16. 2 HÁ MUNDOS INCONTÁVEIS

Que se calem os que puderem descobrir a vida apenas em vossa obscura penitência de náufragos morais.

Por que razão a Vontade Divina colocaria na amplidão essas plagas longínquas? Enxergar nesses mundos distantes somente objetos de estudo da vossa Astronomia é um erro; eles estão, às vezes, regulados por forças mais ou menos idênticas às que controlam a vossa vida. Em sua superfície observam-se os fenômenos atmosféricos e outros, cuja explicação é inacessível ao vosso entendimento. Por que os formaria o Criador para o ermo do silêncio e do deserto? Podereis conceber cidades bem construídas, abarrotadas de tesouros e magnificências, apodrecendo sem habitantes?

Há mundos incontáveis e muitos deles formados de fluidos rarefeitos, inatingidos, na atualidade, pelos vossos instrumentos de ótica.

16. 3 MUNDO DE EXÍLIO E ESCOLA REGENERADORA

A Terra não representa senão um detalhe obscuro no ilimitado da vida, região da amargura, da provação e do exílio; constituindo, porém, uma plaga de sombras, varrida, muitas vezes, pelos cataclismos do infortúnio e da destruição, deve representar, para todos quantos a habitam, uma abençoada escola, onde se regenera o Espírito culpado e onde ele se prepara, demandando glorioso porvir.

Significa um dever de todo homem o trabalho próprio, no sentido de atenuar as más condições do seu meio ambiente, aplainando todas as dificuldades de ordem material e moral, porquanto a evolução depende de todos os esforços individuais no conjunto das coletividades.

Forças ocultas, leis desconhecidas, esperam que a alma humana delas se utilize e, à medida que se espalhe o progresso moral, mais os homens se beneficiarão na fonte bendita do conhecimento.

16. 4 O ESTÍMULO DO CONHECIMENTO

Para a Humanidade terrestre, a revelação de outras pátrias do firmamento, fragmentos da Pátria Universal, não deve constituir uma razão para desânimo de quantos se entregam aos labores profícuos do estudo. Os desequilíbrios que se verificam no orbe terreno obedecem a uma Lei de Justiça, acima de todas as coisas transitórias; e, além disso, a primeira obrigação de todo homem é colaborar, em todos os minutos de sua passageira existência, em prol da melhoria do seu próximo, consciente de que trabalhar em benefício de outrem é engrandecer-se.

O conhecimento das condições perfeitas da vida, em outros mundos, não deve trazer abatimento aos extremistas do ideal. Semelhante verdade deve encher o coração humano de sagrados estímulos.

Saudai, pois, o concerto da vida, do seio dos vossos combates salvadores!...

Sóis portentosos, luzes policrômicas, mundos maravilhosos, existem embalados pelas harmonias que a perfeição eleva à Entidade Suprema!...

Além do Grande Cão, da Ursa, de Hércules, outras constelações atestam a Grandeza Divina. Os firmamentos sucedem-se ininterruptamente nas amplidões etéreas, mas a Humanidade, para Deus, é uma só, e o laço do seu amor reúne todos os seres.

17
SOBRE OS ANIMAIS

Com o desenvolvimento das ideias espiritualistas no mundo, torna-se um estudo obrigatório, e para todos os dias, o grande problema que implica o drama da evolução anímica.

Teria sido a alma criada no momento da concepção, na mulher, segundo as teorias antirreencarnacionistas? Como será a preexistência? O Espírito é criado pela Potência Suprema do Universo, apto a ingressar nas fileiras humanas? E os pensadores voltam para os vultos eminentes do passado. As autoridades católicas valem-se de Tomás de Aquino, que acreditava na criação da alma no período de tempo que precede o nascimento de um novo ser, esquecendo-se dos grandes padres da Antiguidade, como Orígenes, cuja obra é um atestado eterno em favor das verdades da preexistência. Outras doutrinas religiosas buscam a opinião falível da sua ortodoxia e dos seus teólogos, relutando em aceitar as realidades luminosas da reencarnação. Pascal, escrevendo na adolescência o seu tratado sobre os cones, e inúmeros Espíritos de escol, laborando com a sua genialidade precoce nas grandes tarefas para as quais foram chamados à Terra, constituem uma prova eloquente, aos olhos dos menos perspicazes e dos estudiosos de mentalidades tardas no raciocínio, a prol da verdade reencarnacionista.

O homem atual recorda instintivamente os seus labores e as suas observações do passado. Sua existência de hoje é a continuação de quanto efetuou nos dias do pretérito. As conquistas de agora representam a soma dos seus esforços de antanho, e a civilização é a grande oficina onde cada um deixa estereotipada a própria obra.

17. 1 A SOMBRA DOS PRINCÍPIOS

Contempla-se, porém, até hoje, a sombra dos princípios como noite insondável sobre abismos.

Os desencarnados de minha esfera não se acham indenes, por enquanto, do socorro das hipóteses. A única certeza obtida é a da imortalidade da vida e, como não é possível observar a essência da sabedoria, sem iniciativas individuais e sem ardorosos trabalhos, discutimos e estudamos as nobres questões que, na Terra, preocupavam o nosso pensamento.

Um desses problemas, que mais assombram pela sua singular transcendência, é o das origens. Se na Terra o progresso humano se verifica, através de dois caminhos, o da Ciência e o da revelação espiritual, ainda não encontramos, em identidade de circunstâncias, em nossa evolução relativa, nenhuma estrada estritamente científica para determinar o Alfa do Universo, senão a das hipóteses plausíveis. Contudo, saturada da mais profunda compreensão moral, copiosa é a nossa fonte de revelações, a qual constitui para nós um elemento granítico, servindo de base à sabedoria de amanhã.

17. 2 OS ANIMAIS – NOSSOS PARENTES PRÓXIMOS

Se bem haja no próprio círculo dos estudiosos dos espaços o grupo dos opositores das grandes ideias sobre o evolucionismo do princípio espiritual através das espécies, sou dos que o estudam, atenta e carinhosamente.

Eminentes naturalistas do mundo, como Charles Darwin, vislumbram grandiosas verdades, levando a efeito preciosos estudos, os quais, aliás, se prejudicaram pelo excessivo apego à Ciência terrena, que se modifica e se transforma, com os próprios homens; e, dentro das minhas experiências, posso afirmar, sem laivos de dogmatismo, que, oriundos na flora microbiana, em séculos remotíssimos, não poderemos precisar onde se encontra o acume das espécies ou da escala dos seres, no pentagrama universal. E, como o objetivo desta palestra é o estudo dos animais, nossos irmãos inferiores, sinto-me à vontade para declarar que todos nós já nos debatemos no seu acanhado círculo evolutivo. São eles os nossos parentes próximos, apesar da teimosia de quantos persistem em o não reconhecer.

Considera-se, às vezes, como afronta ao gênero humano a aceitação dessas verdades. E pergunta-se como poderíamos admitir um princípio espiritual nas arremetidas furiosas das feras indomesticadas, ou como poderíamos crer na existência de um raio de Luz Divina na serpente venenosa ou na astúcia traiçoeira dos carnívoros. Semelhantes inquirições, contudo, são filhas de entendimento pouco atilado. Atualmente, precisamos modificar todos os nossos conceitos acerca de Deus; porquanto nos falece autoridade para defini-lo ou individualizá-lo. Deus existe. Eis a nossa luminosa afirmação, sem poder, todavia, classificá-lo em sua essência. Os que nos interpelam por essa forma, olvidam as histórias de calúnias, de homicídios, no seio das perversidades humanas. Para que o homem se conservasse nessa posição especial de perfectibilidade única, deveria apresentar todos os característicos de uma entidade irrepreensível, dentro do orbe onde foi chamado a viver. Tal não se verifica e, diariamente, comentais os dramas dolorosos da Humanidade, os assassínios, os infanticídios nefandos, efetuados em circunstâncias nas quais, muitas vezes, as faculdades imperfeitas dos irracionais agiriam com maior benignidade e clemência, dando testemunho de melhor conhecimento das leis de amor que regem o mecanismo do mundo.

17. 3 A ALMA DOS ANIMAIS

Os animais têm a sua linguagem, os seus afetos, a sua inteligência rudimentar, com atributos inumeráveis. São eles os irmãos mais próximos do homem, merecendo, por isso, a sua proteção e amparo.

Seria difícil ao médico legista determinar, nas manchas de sangue, qual o que pertence ao homem ou ao animal, tal a identidade dos elementos que o compõem. A organização óssea de ambos é quase a mesma, variando apenas na sua conformação e observando-se diminuta diferença nas vértebras.

O homem está para o animal simplesmente como um superior hierárquico. Nos irracionais desenvolvem-se igualmente as faculdades intelectuais. O sentimento de curiosidade é, na maioria deles, altamente avançado, e muitas espécies nos demonstram as suas elevadas qualidades, exemplificando o amor conjugal, o sentimento da paternidade, o amparo ao próximo, as faculdades de imitação, o gosto da beleza. Para verificar a existência desses fenômenos, basta que se possua um sentimento acurado de observação e de análise.

Inúmeros Espíritos trouxeram à luz o fruto de suas pacientes indagações, que são para vós elementos de inegável valor. Entre muitos, citaremos Darwin, Gratiolet e vários outros estudiosos dedicados a esses notáveis problemas.

Os mais ferozes animais têm para com a prole ilimitada ternura. Aves existem que se deixam matar, quando não se lhes permite a defesa das suas famílias. Os cães, os cavalos, os macacos, os elefantes deixam entrever apreciáveis qualidades de inteligência. É conhecido o caso dos cavalos de um regimento que mastigavam o feno para um de seus companheiros, inutilizado e enfermo. Conta-se que uma fêmea de cinocéfalo, muito conhecida pela sua mansidão, gostava de recolher os macaquinhos, os gatos e os cães, dos quais cuidava com desvelado carinho; certo dia, um gato revoltou-se contra a sua benfeitora, arranhando-lhe o rosto, e a mãe adotiva, revelando a mais refletida inteligência, examinou-lhe as patas, cortando-lhe as unhas pontiagudas com os dentes. Constitui um fato observável a sensibilidade dos cães e dos cavalos ao elogio e às reprimendas.

Longe iríamos com as citações. O que podemos assegurar é que, sobre os mundos, laboratórios da vida no Universo, todas as forças naturais contribuem para o nascimento do ser.

17. 4 TODOS SOMOS IRMÃOS

De milênios remotos, viemos todos nós, em pesados avatares.

Da noite dos grandes princípios, ainda insondável para nós, emergimos para o concerto da vida. A origem constitui, para o nosso relativo entendimento, um profundo mistério, cuja solução ainda não nos foi possível atingir, mas sabemos que todos os seres inferiores e superiores participam do patrimônio da luz universal.

Em que esfera estivemos um dia, esperando o desabrochamento de nossa racionalidade? Desconheceis ainda os processos, os modismos dessas transições, etapas percorridas pelas espécies, evoluindo sempre, buscando a perfeição suprema e absoluta, mas sabeis que um laço de amor nos reúne a todos, diante da Entidade Suprema do Universo.

É certo que o Espírito jamais retrograda, constituindo uma infantilidade as teorias da metempsicose dos egípcios, na Antiguidade. Mas, se é impossível o regresso da alma humana ao círculo da irracionalidade, recebei como obrigação sagrada o dever de amparar os animais na escala progressiva de suas posições variadas no planeta. Estendei até eles a vossa concepção de solidariedade, e o vosso coração compreenderá, mais profundamente, os grandes segredos da evolução, entendendo os maravilhosos e doces mistérios da vida.

18
A EUROPA MODERNA EM FACE DO EVANGELHO

É inegável a importância da tarefa dos europeus, impulsando o progresso dos outros continentes do planeta. Foi a sua grandiosa civilização, cujos primórdios o Cristianismo alimentou com a rica substancialidade dos seus ideais, que renovou as atividades científicas e industriais dos povos do Oriente, inaugurando, ainda, nas terras americanas, uma vida nova, não obstante as atrocidades execráveis praticadas pelos conquistadores, para submeterem o elemento indígena.

Com exceção das doutrinas filosóficas, que a civilização ocidental não poderia oferecer, com uma substância superior, aos povos orientais, uma vez que a obra cristã se encontrou sempre deturpada desde a sua união com as forças políticas do Estado, foram os europeus que instituíram, com a sua imaginação criadora, um surto novo de progresso para as fontes da cultura humana. Os seus esforços são inapreciáveis; suas atividades, grandiosas, nesse movimento de inventar as comodidades da civilização e as utilidades dos povos. Todavia, espiritualmente, os povos europeus cometeram o erro terrível de perturbar a evolução do Cristianismo, assimilando-o às obsoletas concepções da mitologia grega e às velhas tradições de imperialismo dos patrícios de Roma, de cujo confusionismo nasceu a Doutrina Católico-Romana, em perfeita oposição ao ideal da simplicidade cristã.

18. 1 DORES INEVITÁVEIS

É ociosa qualquer referência à falsa posição dessa Igreja, que se mantém no mundo atual ao preço da ignorância de uns e do interesse condenável de outros, vivendo a existência transitória das organizações políticas.

Compete aos estudiosos somente a análise comparativa dos tempos, tentando, com os seus esforços, operar a regeneração das sociedades, procurando salvar da destruição tudo o que possa beneficiar os Espíritos no seu aprendizado sobre a face da Terra. Todavia, apesar de nossas atividades conjugadas com as de todos os homens de boa vontade que aí representam os instrumentos sadios da vontade do Alto, no sentido de preservar do arrasamento o patrimônio de conquistas úteis da Humanidade, não é possível criar-se um obstáculo às grandes dores que, inevitavelmente, terão de promover o movimento expiatório dos indivíduos e das coletividades, onde as criaturas mergulharão a alma no batismo de purificação pelo sofrimento.

18. 2 AUSÊNCIA DE UNIDADE ESPIRITUAL

Aventam-se todas as hipóteses com o objetivo de verificar-se na Europa, eixo das atividades políticas do mundo, um grande movimento de unificação e de paz, chegando-se à tentativa de uma frente única europeia, para evitar a queda irremediável da civilização do Ocidente. Essa frente única é, porém, impossível. Não existe ali a unidade espiritual necessária à consecução desse grandioso projeto. Apenas o Cristianismo, se não fossem os desvios lamentáveis da Igreja Romana, poderia fornecer essa intangibilidade de fé a todos os espíritos. Mas a obra cristã ali se encontra virtualmente degenerada. E, em virtude de semelhantes desequilíbrios, todos os ideais antifraternos foram desenvolvidos no Velho Mundo, intensificando-se o regime de separatividade entre as nações. Cada país europeu procura insular-se da comunidade continental e somente o Pacto de Versalhes e o instituto genebrino representam, com a sua atuação, essa trégua de 18 anos, depois do conflito de 1914; contudo, esses dois diques, que impediam os movimentos armados, sem, aliás, obstar-lhes a preparação, têm as suas influências anuladas. O Tratado de Versalhes caiu com as deliberações políticas do novo *Reich,* e a Liga das Nações compreendeu a inaplicabilidade do seu estatuto, no momento decisivo da campanha italiana na Abissínia.

18. 3 A PAZ ARMADA

Todos os povos entenderam bem essas profundas desilusões. Procura-se a paz na corrida aos armamentos.

Mais de 100.000 homens mecanizados estão preparados no Velho Continente, só para a ofensiva do ar. Busca-se a todo transe uma solução para os problemas da guerra. Uma reforma visceral nos estatos da Sociedade de Genebra é inutilmente sugerida. Estuda-se a possibilidade de um acordo entre a França e a Itália, no sentido de assegurar--se a paz continental, atendendo-se às necessidades da região danubiana e equilibrando a Alemanha com o resto da Europa. Tenta-se a colaboração de todos os gabinetes. Os partidos iniciam a guerra das ideologias. Mas a Europa, nos seus conflitos inquietantes, conhece perfeitamente a sua condenação à guerra.

18. 4 SOCIEDADES EDIFICADAS NA PILHAGEM

A ilação dolorosa que se pode extrair da situação atual é a de que essas sociedades foram edificadas à revelia do Evangelho, necessitando as suas bases de mais profundas transformações. Fundadas com o rótulo de Cristianismo, elas não o conheceram. À sombra do Deus antropomórfico que criaram para as suas comodidades, inverteram todas as lições do Salvador, em cujo ideal de fraternidade e pureza asseveraram progredir e viver. Distanciadas, porém, como se encontram, de uma identidade perfeita com os estatutos evangélicos, as sociedades europeias sucumbem sob o peso da sua opulência miserável. Suas fontes de cultura acham-se visceralmente envenenadas com as suas descobertas e ciências, que são recursos macabros para a destruição e para a morte. Não existe, ali, nenhuma unidade espiritual, à base do espírito religioso, mantenedora do progresso coletivo.

Como poderá persistir de pé uma civilização dessa natureza, se todos os seus trabalhos objetivam o extermínio dos mais fracos, estabelecendo o condenável critério da força? O Ocidente terá de conhecer uma vida nova. Um sopro admirável de verdades há de confundir os seus erros seculares. As sociedades edificadas na pilhagem hão de purificar-se, inaugurando o seu novo regime à base da lição fraterna de Jesus.

Esperemos, confiantes, a alvorada luminosa que se aproxima, porque, depois das grandes sombras e das grandes dores que envolverão a face da Terra, o Evangelho há de criar, no mundo inteiro, a verdadeira cristandade.

19
A CIVILIZAÇÃO OCIDENTAL

É imprescindível não perdermos de vista os aspectos sociais da civilização moderna, para encontrarmos os falsos princípios das suas bases e o fim próximo que a espera inevitavelmente.

As corridas armamentistas e as angustiosas conversações diplomáticas destes últimos tempos, no continente europeu, que representa o cérebro da civilização ocidental, denotam os perigos ameaçadores da guerra. Todo o organismo social da Europa moderna repousa em bases militaristas. Da indústria das armas, mais que da agricultura, e isso é lamentável, depende a estabilidade da civilização de todo o Ocidente. Os exércitos compactos, as casas manufatureiras do canhão e da bomba explosiva, as coletividades atentas às atividades bélicas, constituem os elementos vitais da evolução europeia. Um surto de civilização dessa natureza não pode prescindir da guerra e é por essa razão que o perigo iminente da carnificina bate de novo à porta da alma humana, saturada de temores e sofrimentos.

Não bastou ao Velho Mundo a dolorosa experiência de 1914, que lhe custou trezentos bilhões de dólares e mais de trinta milhões de vidas. A guerra quer devorar as derradeiras energias desses povos que não souberam edificar suas leis.

A Europa é um grande vulcão em repouso. Nos gabinetes, os estadistas se desenganam à procura de uma solução objetiva em favor da paz internacional. Há uma pergunta angustiosa e aflitiva em todos os corações. As mentalidades diretoras dos povos tremem ao enunciar as suas sentenças e julgamentos. Ninguém deseja arcar com as responsabilidades da última palavra.

Enquanto isso ocorre, observa-se a decadência da civilização ocidental para orientar o pensamento do mundo.

19. 1 POSSIBILIDADES DO ORIENTE

Desde o primeiro quartel do século XX, após a vitória japonesa em Tsushima, multiplicam-se as possibilidades do Oriente, para onde parece transportar-se o centro evolutivo da Humanidade. O Pacífico volve a revestir-se de vida nova. A China movimenta-se com as suas revoluções internas. Em centros remotos, como o Afeganistão e a Turquia, percebe-se uma onda de renovação geral. A Rússia soviética, há muito tempo, dirige as suas vistas para o Extremo Oriente. É na Sibéria Oriental que repousam, na atualidade, as mais importantes de suas bases militares. A Nova Zelândia e a Austrália são celeiros de possibilidades infinitas. A Índia, não obstante o domínio britânico, fornece ao planeta exemplos e doutrinas regeneradoras. Figuras preeminentes dos povos orientais são hoje acatadas em todo o mundo. A figura de Gandhi tem a sua projeção universal. As costas do Pacífico estão cheias de movimentos comerciais; nas suas margens, as repúblicas da América Meridional acusam uma vida nova, no plano da cultura, do progresso e do pensamento. Todos os movimentos mais importantes do orbe afiguram-se-nos, mais ou menos, deslocados de novo para a Ásia, onde o Japão assume o papel de orientador desse incontestável movimento de organização.

19. 2 O FANTASMA DA GUERRA

A Europa, na atualidade, é o gigante cansado, à beira do seu túmulo. Infelizmente, o senso arraigado do militarismo envenenou-lhe os centros de força. A Alemanha e a Itália superlotadas apelam para os recursos que a guerra lhes oferece. Não obstante todos os tratados e pactos em favor da tranquilidade europeia, nunca, como agora, foi a paz, ali, tão vilipendiada. O Tratado de Versalhes e os acordos de Locarno nada mais foram que fenômenos diplomáticos da própria guerra em perspectiva. Nunca houve um propósito sincero de fraternidade e de igualdade nessas alianças. Em 1928, foi assinado o Pacto Briand--Kellogg, como se fora uma esperança para todas as nacionalidades. Entretanto, jamais, como nestes últimos anos, o armamentismo tomou tanto incremento, em todos os países do planeta. Só a França, nas suas estatísticas do ano passado, acusava uma despesa de mais de treze bilhões de francos, investidos nos programas de sua defesa. E, atrás dos grandes vasos de guerra, das metralhadoras de pesado calibre, das granadas destruidoras, escondem-se os novos gases asfixiantes e os terríveis elementos da guerra bacteriológica, que os algozes da ciência engendraram criminosamente para suplício dos povos. O momento é de angústia justificável. A própria Inglaterra, que nunca se encontrou tão poderosa e tão rica quanto agora, sente de perto a catástrofe; sua missão colonizadora toca, igualmente, o fim. Ao lado dos bens que os ingleses prodigalizaram a diversas regiões do planeta, houve de sua parte lamentável esquecimento: o de que cada povo tem a sua personalidade independente.

19. 3 ÂNSIA DE DOMÍNIO E DE DESTRUIÇÃO

Diz-se que todo o Oriente se ocidentaliza na atualidade; todavia, o Oriente apenas aproveita o fruto de experiências que hoje lhe entrega a civilização ocidental, pressentindo o sintoma de sua decadência.

O Cristianismo, deturpado na Europa, degenerado pela influenciação dos bispos romanos, não conseguiu ser o baluarte dessa civilização que, aos poucos, vai desmoronando.

As nações do Velho Mundo apenas cuidaram de dominar os outros países como seus vassalos; mas é passada a época desses domínios injustificáveis. Os pretextos de expansionismo não se justificam dentro dos princípios da paz internacional, e os movimentos de conquista apenas servem para enfraquecer a economia dos povos que se abandonam aos seus excessos. A Europa moderna esqueceu-se de que a Ásia tem a massa considerável de setecentos milhões de almas, como elementos de energia potencial, aguardando igualmente o instante de sua necessária expansão; olvidou que a América é consciente, agora, de sua importância e de suas infinitas possibilidades, prescindindo da sua tutela e dos seus estatutos e, no momento atual, o continente europeu reconhece a ineficácia de suas teorias de paz, diante da sua necessidade irrevogável de guerra, de destruição. Integrada no conhecimento de seus falsos princípios, edificados, todos eles, na base armamentista, a civilização ocidental reconhece o seu próprio desprestígio; há muitos anos, o vírus do morticínio lhe vem solapando os alicerces, e as épocas de aflição e de crise periodicamente se repetem. A França que, em 1870, foi procurar socorro às portas da Rússia poderosa dos czares, acossada pela Alemanha, volta-se hoje para a união pseudocomunista de Stalin, pedindo a mesma aliança para conjurar o perigo germânico. A Grã-Bretanha observa, da sua tribuna, o movimento e prepara-se para surpresas eventuais; tentando conservar seu poderio, volve à política de conciliação; todavia, a guerra é inevitável no ambiente dessa civilização de monumentos grandiosos de Ciência no plano material, mas feita de fogos-fátuos no domínio da espiritualidade. Os povos, em virtude da organização de suas leis, têm necessidade de deflagração dos movimentos bélicos. Não poderão viver muito mais tempo sem eles. A destruição lhes é necessária.

A quem caberá então o cetro da cultura, a liderança do pensamento? Sabe-o Deus.

19. 4 O FUTURO DAS GRANDEZAS MATERIAIS

Dentro de alguns séculos, os colossos de Paris, de Roma e de Londres serão contemplados com o embevecimento histórico das recordações; a torre Eiffel, a Abadia de Westminster serão como as ruínas do Coliseu de Vespasiano e das construções antigas do Spalato. Os ventos tristes da noite hão de soluçar sobre os destroços, onde os homens se encontraram para se destruírem, uns aos outros, em vez de se amarem como irmãos. Os raios da Lua deixarão ver, nas margens do Tâmisa, do Tibre e do Sena, o local onde a civilização ocidental suicidou-se à míngua de conhecimentos espirituais. O império britânico conhecerá então, como a Península Ibérica, a recordação dos seus domínios e das suas conquistas. A França sentirá, como a Grécia antiga, um orgulho nobre por ter cooperado na enunciação dos direitos do homem, e a Itália se lembrará melancolicamente de suas lutas.

De cada vez que os homens querem impor-se, arbitrários e despóticos, diante das Leis Divinas, há uma força misteriosa que os faz cair, dentro dos seus enganos e de suas próprias fraquezas. A impenitência da civilização moderna, corrompida de vícios e mantida nos seus maiores centros à custa das indústrias bélicas, não é diferente do império babilônico que caiu, apesar do seu fastígio e da sua grandeza. No banquete dos povos ilustres da atualidade terrestre, leem-se as três palavras fatídicas do festim de Baltasar. Uma força invisível gravou novamente o *Mane — thecel — phares*[8] na festa do mundo.

Que Deus, na sua misericórdia, ampare os humildes e os justos.[9]

---

[8] N. E.: *Menê, menê, teqel, Parsin* [...]: (medido, pesado, dividido). *"Menê* — Deus *mediu* o teu reino e deu-lhe fim; *Teqel* — tu foste *pesado* na balança e foste julgado deficiente; *Parsin* — teu reino foi *dividido* e entregue aos medos e aos persas." (*Bíblia de Jerusalém*. Daniel. São Paulo: PAULUS, 2002. Cap. 5: 25 a 28. Grifo nosso.)

[9] N.E.: Lembramos aqui o momento histórico difícil que passava a Humanidade, na época (1938), quando estávamos à beira da II Guerra Mundial (1939–1945) e o mundo se encontrava bastante desorientado, pelas teorias materialistas, sem que a Igreja Católica e demais religiões algo pudessem fazer para deter a corrida armamentista e o holocausto, em especial, de milhões de judeus.

20
A DECADÊNCIA INTELECTUAL DOS TEMPOS MODERNOS

Pesam sobre os corações atribulados da Terra amargas apreensões, com respeito ao fatalismo da guerra. E, infelizmente, ninguém poderá calcular a extensão dos movimentos que se preparam, objetivando a luta do porvir. A Europa moderna não representa a vanguarda da cultura dos povos, e é fácil estabelecer-se um estudo analítico de sua situação de pura decadência intelectual, depois da catástrofe de 1914-1918.

20.1 PROFUNDA POBREZA INTELECTUAL

As ditaduras europeias revivem, na atualidade, a época napoleônica da pátria francesa, quando, segundo Chateaubriand, tudo respirava o senhor, homenageava o senhor, vivia para o senhor. No Velho Mundo, em quase todos os países que o constituem, vive-se o governo e mais nada. O livro, a escola, o jornal, a oficina são núcleos de recepção do pensamento dos maiores ditadores que o mundo há conhecido. A imprensa, manietada pelas medidas draconianas, não pode criar o cooperativismo intelectual das classes e das administrações, obrigada a viver a fase de absoluta união com os programas de governo; os grandes pensadores que sobreviveram à Grande Guerra não podem produzir expressões de pensamento livre, que abranjam a solução dos enigmas destes tempos novos, trabalhados por leis vexatórias e humilhantes, e vemos, pelo mundo inteiro, a invasão das forças perversoras da consciência humana. Jornais integrados nas doutrinas mais absurdas, falsa educação pelo rádio que vem complicar, sobremaneira, a situação, e os livros da guerra, a literatura bélica, inflada de demagogia e de estandartes, de símbolos e de bandeiras, incentivando a separatividade. Qualquer estudioso desses assuntos poderá verificar a realidade de nossas afirmativas.

Os homens, nessa fase de preparação armamentista, vivem uma época de profunda pobreza intelectual.

O porvir há de falar aos pósteros, dessas calamidades dolorosas. O mundo chegou a uma fase evolutiva em que é preciso enfrentar a questão da fraternidade humana para resolvê-la com justiça.

20. 2 DITADURAS E PROBLEMAS ECONÔMICOS

Os governos fortes, fatores da decadência espiritual dos povos, que guardavam consigo a vanguarda evolutiva do mundo, não podem trazer solução satisfatória aos problemas profundos que vos interessam.

Afigura-se-nos que a função das ditaduras é preparar as reações incendiárias das coletividades. A atualidade do mundo necessita criar um novo mecanismo de justiça econômica entre os povos. Que se aventem medidas conciliatórias para essa situação de pauperismo e alto imperialismo das nações. Os que estudam a política internacional podem resolver grande parte dos fenômenos revolucionários que convulsionam o mundo, analisando a chamada questão das matérias-primas. Matérias-primas quer dizer colônias, e colônias significam possibilidades de vida e de expansão. É verdade que na Espanha atual, antes de tudo, reside o imperativo da dor, redimindo grandes culpados de outrora, constituindo essa dolorosa situação um dos quadros mais pungentes das provações coletivas; mas não somente as ideologias extremistas ali se combatem, pressagiando um novo organismo político para o planeta. Um dos dois diretores de um manicômio espanhol asseverava, há pouco tempo, que mais de quatrocentas pessoas, em um ano, tinham procurado refúgio naquele pouso de alienados, como loucas, em virtude das necessidades da fome. A Espanha é pobre de terras. De cem hectares de terrenos, talvez somente uns trinta poderão oferecer campo propício à agricultura. E não a velha península se debate nessas necessidades tão duras. A China não está suportando o aumento contínuo da sua população? O Japão vem-se fortificando para poder nutrir o seu povo. A Polônia estuda um projeto de colocar na África ou na América mais de cinco milhões de criaturas, que a sua possibilidade econômica não comporta.

20. 3 NECESSIDADE DA COOPERAÇÃO FRATERNA

Nessas aluviões de protestos, ouvem-se os tinidos das armas, e melhor fora que o homem voltasse as vistas para o campo fraterno, antes da destruição que se fará consumar. Seria melhor estudar-se a questão carinhosamente, analisando-se os códigos das leis imigratórias e que as nações não se deixassem dominar pelo prurido de mau nacionalismo, tentando estabelecer um plano de concessões racionais e resolvendo-se a questão da troca de produtos entre os países, solucionando-se o enigma da repartição que a economia política não pôde conseguir até hoje, apesar da sua perfeição técnica, no círculo da direção das possibilidades produtoras.

O que verificamos é que, sem a prática da fraternidade verdadeira, todos esses movimentos pró-paz são encenações diplomáticas sem fundo prático, não obstante intenções respeitáveis.

Mas consideremos também que o mundo não marcha à revelia das leis misericordiosas do Alto, e estas, no momento oportuno, saberão opor um dique à chacina e ao arrasamento; confiemos nelas, porque os códigos humanos serão sempre documentos transitórios, como o papel em que são registrados, enquanto não se associarem, parágrafo por parágrafo, ao Evangelho de Jesus.

21
CIVILIZAÇÃO EM CRISE

Alguns modernos escritores europeus, estudando o caos da sociedade moderna, após a Grande Guerra, tentaram estabelecer as causas profundas da crise da civilização ocidental.

O movimento armado de 1914–1918 veio destruir grande número de princípios filosóficos que regiam a vida das coletividades. Nas suas ruínas fumegantes caíram muitas ilusões sociais e políticas, e os povos, na sua existência de profundas inquietações, iniciaram em todo o período *post bellum* uma série de longas experiências.

21.1 FASE DE EXPERIMENTAÇÕES

A civilização ocidental está em crise; os observadores e os sociólogos trazem, para o amontoado de várias considerações, o resultado dos seus estudos. Alguns proclamam que toda civilização tem a fragilidade de uma vida; outros aventam hipóteses mais ou menos aceitáveis, e alguns apelam para a cristianização dos espíritos. Estes últimos estão acertados em seus pareceres; todavia, não no sentido de um retorno à Idade Média, à preponderância da fradaria, à disseminação dos princípios católico-romanos; mas no de se organizar, de fato, no mundo, um espírito cristão sobre a base do Evangelho. As novas experiências da Europa, em matéria de política administrativa, não poderão conduzi-la senão aos movimentos armados, inevitáveis. Dentro das vibrações antagônicas do fascismo e do bolchevismo, fórmulas transitórias de atividades políticas do Velho Mundo, todos os que falam em decadência do liberalismo estão errados. Os governos fortes da atualidade, tenham eles os rótulos de nacionalismo ou internacionalismo, hão de voltar-se, do círculo de suas experiências, para as conquistas liberais do espírito humano, caminhando com essas conquistas na sua estrada evolutiva, progredindo e avançando para o Socialismo cristão do porvir.

21. 2 NA DEPENDÊNCIA DA GUERRA

Terminada a última guerra, todos os povos ponderaram a necessidade de paz, dentro de uma política regeneradora. Esgotadas e empobrecidas, as nações europeias idealizaram tratados, conferências e institutos que equilibrassem o continente, prevenindo-se contra a possibilidade de futuros arrasamentos. Alterou-se a carta geográfica do mundo europeu repartindo-se colônias, criou-se uma literatura antibélica e iniciaram-se novas experiências políticas com a formação das repúblicas soviéticas. Mas a verdade é que cada país multiplicou os seus organismos de guerra; cada qual pensou na paz, trabalhando na sombra para as lutas do porvir. E quando, depois de anos a fio de conversações diplomáticas e de citações de determinados artigos dos supostos estatutos da tranquilidade coletiva, caíram os sonhos de um desarmamento geral e diminuíram em eficácia os processos da Sociedade de Genebra, o mundo viu, aterrado, aumentar os efetivos das forças armadas de todas as nações.

Vê-se, mais que nunca, que toda a vida do Ocidente depende da guerra. Milhares de operários têm suas atividades postas ao serviço da manufatura das armas homicidas. Milhares de homens estão empregados no trabalho de militarização. Milhares de criaturas se movimentam e ganham o pão cotidiano nas indústrias guerreiras.

21. 3 SENTENÇA DE DESTRUIÇÃO

A civilização está em crise porque conheceu a sua sentença de destruição. A guerra, no seu mecanismo industrial, econômico e político, é imprescindível e inevitável.

Comunismo e Fascismo, nas suas oposições ideológicas, só poderão apressá-la.

Ainda há pouco tempo, um jovem europeu exclamava para um colega americano: "Ai de nós! se nos prepararmos pelo estudo para a luta de nossas próprias edificações! bem sabemos que o Estado exigirá, amanhã, as nossas vidas. Temos de rir e beber para esquecer essas fatalidades irremediáveis".

Essa observação caracteriza, de fato, as calamidades morais da sociedade moderna.

A ausência de um apoio espiritual estabelece a vacilação moral das criaturas. O sentimento dos homens requer uma base religiosa, e a transformação de quase todos os valores religiosos do Velho Mundo, em forças de política transitória, deu causa às fundas inquietações contemporâneas. As criaturas vivem a sua tragédia de pessimismo e descrença, à sombra dos governos de experiências tão penosas às coletividades, e encaminham-se, com indiferença, para a subversão e para a desordem.

21. 4 O FUTURO PERTENCERÁ AO EVANGELHO

A civilização está em crise, repetimos com os observadores do mundo. Pode-se apontar como uma das causas desse estado caótico a defecção espiritual da Igreja Católica, negando-se a cumprir as determinações divinas para disputar um lugar de dominação no banquete dos poderes temporários do mundo. Se houvesse mantido a sua posição espiritual, fortificando as almas no seu longo caminho evolutivo, como mediadora entre o Céu e a Terra, as transições sociais, inevitáveis, não seriam tão penosas para as gerações do século XX. A estabilidade da civilização ocidental, sua evolução para o socialismo de Jesus, dependiam da fidelidade da Igreja Católica aos princípios cristãos. Mas a Igreja negou-se ao cumprimento de sua grandiosa missão espiritual, e o resultado temo-lo na desesperação das almas humanas, em face dos problemas transcendentes da vida.

A luta está travada.

A civilização em crise, organizada para a guerra e vivendo para a guerra, há de cair inevitavelmente; mas o futuro nascerá dos seus escombros, para viver o novo ciclo da humanidade, sem os extremismos antirracionais, na época gloriosa da justiça econômica.

Não duvidemos, dentro da nossa certeza incontestável. O porvir humano pertence à vitória do Evangelho.

22
FLUIDOS MATERIAIS E FLUIDOS ESPIRITUAIS

1º — Serão os fluidos correntes de elétrons?
2º — Serão essas correntes de duas naturezas — uma para atuar sobre a matéria e outra sobre o Espírito preso a essa matéria?
3º — A corrente espiritual será formada pelas ondas eletrônicas?
4º — O elétron da corrente espiritual será o mesmo da corrente material?

1º– A Ciência terrestre classifica o elétron como a derradeira unidade de matéria, de carga elétrica negativa. No mundo do infinitesimal, porém, temos um caminho ilimitado e progressivo a percorrer.

O homem, diante da incapacidade da sua estrutura e em face da sua zona sensorial limitada, não consegue ir além, no labirinto de segredos do microcosmo e, para que nos façamos entendidos, não podemos convir convosco em que os fluidos, de um modo geral, sejam correntes de elétrons, ainda mesmo considerando-se a necessidade de representar-se, com essa unidade, uma base para a vossa possibilidade de compreensão e de análise, porque os elétrons são ainda expressões de matéria em estado de grande rarefação.

2º, 3º e 4º– Embora sintéticas, pela sua construção fraseológica, essas proposições são bastante complexas em si mesmas.

As correntes de fluidos espirituais têm a sua organização particular e estão aptas a determinar a transformação das correntes de força material, em qualquer circunstância. Seria aconselhável nunca se confundir as ondas eletrônicas com os fluidos de natureza espiritual. A matéria, atingindo sublimidades de quintessência, quase se confunde no plano puro do espírito, constituindo tarefa difícil para o eletromagnetismo positivar onde termina uma e onde começa outro.

Ainda agora, os cientistas, investigando a natureza da radioatividade em todos os corpos da matéria viva, perguntam ansiosos qual a fonte permanente e inesgotável onde os corpos absorvem, incessante e automaticamente, os elementos necessários a essa perene e inextinguível irradiação. No que se refere às ondas eletrônicas ou aos elementos radioativos da matéria em si mesma, essa fonte reside, sem dúvida, na energia solar, que vitaliza todo o organismo planetário. O orbe terrestre é um grande magneto, governado pelas forças positivas do Sol. Toda matéria tangível representa uma condensação de energia dessas forças sobre o planeta, e essa condensação se verifica debaixo da influência organizadora do princípio espiritual, preexistindo a todas as combinações químicas e moleculares.

É a alma das coisas e dos seres o elemento que influi no problema das formas, segundo a posição evolutiva de cada unidade individual.

Todas as correntes eletrônicas, portanto, ou ondas de matéria rarefeita, são elementos subordinados às correntes de fluidos ou vibrações espirituais; aquelas são os instrumentos passivos; estas, as forças ativas e renovadoras do universo.

Os corpos terrestres encontram no Sol a fonte mantenedora de suas substâncias radioativas, mas todas essas correntes de energia são inconscientes e passivas. Os Espíritos, por sua vez, encontram em Deus a fonte suprema de todas as suas forças, em perene evolução, no drama dinâmico dos sistemas. As correntes fluídicas no mundo espiritual são, pois, vibrações da alma consciente, dentro da sua gloriosa imortalidade.

Concluímos, assim, que há fluidos materiais e fluidos espirituais; que os primeiros são elementos inconscientes e passivos, e os últimos a força eterna e transformadora dos mundos, salientando-se que uma só lei rege a vida, em sua identidade substancial. Nas ondas eletrônicas, filhas da energia solar, chama-se-lhe afinidade, magnetismo, atração, e, nas correntes de fluidos espirituais, filhas da alma, partícula divina, chama-se-lhe misericórdia, simpatia, piedade e amor. Nessa lei única, que liga a Criação ao seu Criador e da qual estudamos os fenômenos isolados, desenrola-se o drama da evolução do Espírito imortal.

23
A SAÚDE HUMANA

Justifica-se o esforço dos experimentadores da Medicina tentando descobrir um caminho novo para atenuar a miséria humana; todavia, sem abstrairmos das diretrizes espirituais, que orientam os fenômenos patogênicos nas questões das provas individuais, temos necessidade de reconhecer a imprescindibilidade da saúde moral, antes de atacarmos o enigma doloroso e transcendente das enfermidades físicas do homem.

23.1 A RENOVAÇÃO DOS MÉTODOS DE CURA

Em todos os séculos tem-se estudado o problema da saúde humana.

Até à metade do século XVIII, admitia-se plenamente a Medicina da Idade Média que, por sua vez, representava quase integralmente o mesmo processo de cura dos egípcios, na Antiguidade.

Todas as moléstias eram atribuídas à vacilação dos humores, baseando-se a maior parte dos métodos terapêuticos na sangria e nas substâncias purgativas. No século XIX, as grandes descobertas científicas eliminaram esses antigos conhecimentos. Os aparelhos de laboratório perquirindo o mundo obscuro e vastíssimo da Microbiologia, as novas teses anatomopatológicas, apresentadas pelos estudiosos do assunto, estabelecem, com a severidade das análises, que as moléstias residem na modificação das partes sólidas do organismo, abandonando-se a teoria da alteração dos humores. Os médicos esqueceram, então, o estudo dos líquidos viciados do corpo, concentrando atenções e pesquisas na lesão orgânica, criando novos métodos de cura.

23. 2 OS PROBLEMAS CLÍNICOS INQUIETANTES

Não obstante a nobreza e a sublimidade da missão de quantos se entregam ao sagrado labor de aliviar as amarguras alheias aí no mundo, reconhecemos que muitos estudiosos perdem um tempo precioso, mergulhados na discussão de mesquinhas rivalidades profissionais, quando não se acham atolados no pântano dos interesses exclusivistas e particulares, desconhecendo a grandiosidade espiritual do seu sacerdócio.

O que se torna altamente necessário nos tempos modernos é reconhecer-se, acima de todos os processos artificiais de cura da atualidade, o método indispensável da Medicina natural, com suas potencialidades infinitas.

Analisando-se todos os descobrimentos notáveis dos sistemas terapêuticos dos vossos dias, orientados pelas doutrinas mais avançadas, em virtude dos novos conhecimentos humanos com respeito à Bacteriologia, à Biologia, à Química, etc., reconhecemos que, com exceção da cirurgia, que teve com Ambroise Paré e outros inteligentes cirurgiões de guerra o mais amplo dos desenvolvimentos, pouco têm adiantado os homens na solução dos problemas da cura, dentro dos dispositivos da Medicina artificial por eles inventada. Apesar do concurso precioso do microscópio, existem hoje questões clínicas tão inquietantes como há duzentos anos. Os progressos regulares que se verificam na questão angustiosíssima do câncer e da hanseníase, da tuberculose e de outras enfermidades contagiosas, não foram além das medidas preconizadas pela Medicina natural, baseadas na profilaxia e na higiene. Os investigadores puderam vislumbrar o mundo microbiano sem saber eliminá-lo. Se foi possível devassar o mistério da Natureza, a mentalidade humana ainda não conseguiu apreender o mecanismo das suas leis. É que os estudiosos, com poucas exceções, se satisfazem com o mundo aparente das formas, demorando-se nas expressões exteriores, incapazes de uma excursão espiritual no domínio das origens profundas. Sondam os fenômenos sem lhes auscultarem as causas divinas.

23. 3 MEDICINA ESPIRITUAL

A saúde humana nunca será o produto de comprimidos, de anestésicos, de soros, de alimentação artificialíssima. O homem terá de voltar os olhos para a terapêutica natural, que reside em si mesmo, na sua personalidade e no seu meio ambiente. Há necessidade, nos tempos atuais, de se extinguirem os absurdos da *fisiologia dirigida*. A Medicina precisa criar os processos naturais de equilíbrio psíquico, em cujo organismo, se bem que remoto para as suas atividades anatômicas, se localizam todas as causas dos fenômenos orgânicos tangíveis. A Medicina do futuro terá de ser eminentemente espiritual, posição difícil de ser atualmente alcançada, em razão da febre maldita do ouro; mas os apóstolos dessas realidades grandiosas não tardarão a surgir nos horizontes acadêmicos do mundo, testemunhando o novo ciclo evolutivo da Humanidade. O estado precário da saúde dos homens, nos dias que passam, tem o seu ascendente na longa série de abusos individuais e coletivos das criaturas, desviadas da lei sábia e justa da Natureza. A civilização, na sua sede de bem-estar, parece haver homologado todos os vícios da alimentação, dos costumes, do sexo e do trabalho. Todavia, os homens caminham para as mais profundas sínteses espirituais. A máquina, que estabeleceu tanta miséria no mundo, suprimindo o operário e intensificando a facilidade da produção, há de trazer, igualmente, uma nova concepção da civilização que multiplicou os requintes do gosto humano, complicando os problemas de saúde; há de ensinar às criaturas a maneira de viverem em harmonia com a Natureza.

23. 4 O MUNDO MARCHA PARA A SÍNTESE

Marcha-se para a síntese e não deve causar surpresa a ninguém a minha assertiva de que não vos achais na época em que a Ciência prática da vida vos ensinará o método do equilíbrio perfeito, em matéria de saúde. Os corpos humanos serão alimentados, segundo as suas necessidades especiais, sem dispêndio excessivo de energias orgânicas. As proteínas, os hidratos de carbono e as gorduras, que constituem as matérias-primas para a produção de calorias necessárias à conservação do vosso corpo e que representam o celeiro das economias físicas do vosso organismo, não serão tomados de maneira a prejudicar-se o metabolismo, estabelecendo-se, dessa forma, uma harmonia perfeita no complexo celular da vossa personalidade tangível, harmonia essa que perdurará até o fenômeno da desencarnação.

Mas todas essas exposições objetivam a necessidade de aplicarmos largamente as nossas possibilidades na solução dos problemas humanos para a melhoria do futuro.

É verdade que, por muito tempo ainda, teremos, em oposição ao nosso idealismo, a questão do interesse e do dinheiro, porém trabalhemos confiantes na Misericórdia Divina.

Emprestemos o nosso concurso a todas as iniciativas que nobilitem o penoso esforço das coletividades humanas, e não olvidemos que todo bem praticado reverterá em benefício da nossa própria individualidade.

Trabalhemos sempre com o pensamento voltado para Jesus, reconhecendo que a preguiça, a suscetibilidade e a impaciência nunca foram atributos das almas desassombradas e valorosas.

24
O CORPO ESPIRITUAL

De todos os fenômenos da vida, os que se apresentam ao raio visual da Ciência humana, mantenedores do seu entretenimento, são os da assimilação e desassimilação; todavia, os que afetam mais particularmente a percepção do homem não são os da atividade vital em si mesma, consubstanciados nas sínteses orgânicas assimiladoras, mas justamente os fenômenos da morte. É um axioma fisiológico a extinção das células que constituem o suporte de todas as manifestações e apenas fazeis geralmente uma ideia da vida por intermédio desses movimentos destruidores.

24.1 A VIDA CORPORAL – EXPRESSÃO DA MORTE

Quando, no homem ou nos irracionais, um gesto se opera, a Natureza determina o desaparecimento de certa percentagem de substância da economia vital; quando a sensibilidade se exterioriza e os pensamentos se manifestam, eis que os nervos se consomem, gastando-se o cérebro em suas atividades funcionais.

A vida corporal é bem a expressão da morte, por meio da qual efetuais as vossas observações e os vossos estudos.

Não dispondes, dentro da exiguidade dos vossos sentidos, senão de elementos constatadores da perda de energia, da luta vital, dos conflitos que se estabelecem para que os seres se mantenham no seu próprio *habitat*.

A vida, em suas causalidades profundas, escapa aos vossos escalpelos, e apenas o embriologista observa, no silêncio da penumbra, infinitésima fração do fenômeno assimilatório das criações orgânicas.

24. 2 INACESSÍVEL AOS PROCESSOS DA INDAGAÇÃO CIENTÍFICA

Segundo os dados da vossa Fisiologia, a célula primitiva é comum a todos os seres vertebrados e espanta ao embriólogo a lei organogênica que estabelece a ideia diretora do desenvolvimento fetal, desde a união do espermatozoário ao óvulo, especificando os elementos amorfos do protoplasma; nos domínios da vida, essa ideia diretriz conserva-se inacessível até hoje aos vossos processos de indagação e de análise, porquanto esse desenho invisível não está subordinado a nenhuma determinação físico-química, porém, unicamente ao corpo espiritual preexistente, em cujo molde se realizam todas as ações plásticas da organização, e sob cuja influência se efetuam todos os fenômenos endosmóticos. O organismo fluídico, caracterizado por seus elementos imutáveis, é o assimilador das forças protoplásmicas, o mantenedor da aglutinação molecular que organiza as configurações típicas de cada espécie, incorporando-se, átomo por átomo, à matéria do germe e dirigindo-a, segundo a sua natureza particular.

24. 3 RESPONDENDO ÀS OBJEÇÕES

Algumas objeções científicas têm sido apresentadas à teoria irrefutável do corpo espiritual preexistente, destacando-se entre elas, por mais digna de exame, a hereditariedade, a qual somente deve ser ponderável sob o ponto de vista fisiológico. Todos os tipos do reino mineral, vegetal, animal, incluindo-se o hominal, organizam-se segundo as disposições dos seus precedentes ancestrais, dos quais herdam, naturalmente, pela lei das afinidades, a sua sanidade ou os seus defeitos de origem orgânica, unicamente.

De todos os estudos referentes ao assunto, em vossa época, salienta-se a teoria darwiniana das gêmulas, corpúsculos infinitesimais que se transmitem pela vida seminal aos elementos geradores, contendo na matéria embrionária disposição de todas as moléculas do corpo, as quais se reproduzem dentro de cada espécie. A maioria das moléstias, inclusive a dipsomania, são transmissíveis; porém, isso não implica um fatalismo biológico que engendre o infortúnio dos seres, porque inúmeros Espíritos, em traçando o mapa do seu destino, buscam, com o escolher determinado instrumento, alargar as suas possibilidades de triunfo sobre a matéria, como um fato decorrente das severas leis morais, que, como no ambiente terrestre, prevalecem no mundo espiritual, o que não nos cabe discutir neste estudo.

Não obstante a preponderância dos fatores físicos nas funções procriadoras, é totalmente inaceitável e descabido o atavismo psicológico, hipótese aventada pelos desconhecedores da profunda independência da individualidade espiritual, hipótese que reveste a matéria de poderes que nunca ela possuiu em sua condição de passividade característica.

Reconhecendo-se, pois, a veracidade da argumentação de quantos aceitam a hereditariedade fisiológica nos fenômenos da procriação, representando cada ser o organismo de que provém por filiação, afastemos a hipótese da hereditariedade psicológica, porquanto, espiritualmente, temos a considerar, apenas, ao lado da influência ambiente, a afinidade sentimental.

24. 4 ATRAVÉS DOS ESCANINHOS DO UNIVERSO ORGÂNICO

De todas as funções gerais que caracterizam os seres viventes, somente os fenômenos de nutrição podem ser estudados pela perquirição científica e, mesmo assim, imperfeitamente. Além das operações comuns, que se efetuam automaticamente, há uma força inerente aos corpos organizados, que mantém coesas as personalidades celulares, sustentando-se dentro das particularidades de cada órgão, presidindo aos fenômenos partenogenéticos de sua evolução, substituindo, através da segmentação, quantas delas se consomem nas secreções glandulares, no trabalho mantenedor da atividade orgânica.

Essa força é o que denominais princípio vital, essência fundamental que regula a existência das células vivas, e no qual elas se banham constantemente, encontrando assim a sua necessária nutrição, força que se encontra esparsa por todos os escaninhos do universo orgânico, combinada às substâncias minerais, azotadas e ternárias, operando os atos nutritivos de todas as moléculas. O princípio vital é o agente entre o corpo espiritual, fonte da energia e da vontade, e a matéria passiva, inerente às faculdades superiores do Espírito, que o adapta segundo as forças cósmicas que constituem as leis físicas de cada plano de existência, proporcionando essa adaptação às suas necessidades intrínsecas.

Essa força ativa e regeneradora, de cujo enfraquecimento decorre a ausência de tônus vital, precursor da destruição orgânica, é simplesmente a ação criadora e plasmadora do corpo espiritual sobre os elementos físicos.

24. 5 O SANTUÁRIO DA MEMÓRIA

O corpo espiritual não retém somente a prerrogativa de constituir a fonte da misteriosa força plástica da vida, a qual opera a oxidação orgânica; é também ele a sede das faculdades, dos sentimentos, da inteligência e, sobretudo, o santuário da memória, em que o ser encontra os elementos comprobatórios da sua identidade, através de todas as mutações e transformações da matéria.

24.6 O PRODIGIOSO ALQUIMISTA

Todas as células orgânicas renovam-se incessantemente; e como poderia a criatura conhecer-se entre essas continuadas transubstanciações? Para que se manifeste o pensamento — que desconhece as glândulas que o segregam, porquanto constitui a vibração do corpo espiritual dentro de sua profunda consciência — quantas células se consomem e se queimam?

O cérebro assemelha-se a complicado laboratório onde o Espírito, prodigioso alquimista, efetua inimagináveis associações atômicas e moleculares, necessárias às exteriorizações inteligentes.

É ainda, pois, ao corpo espiritual que se deve a maravilha da memória, misteriosa chapa fotográfica, onde tudo se grava, sem que os menores coloridos das imagens se confundam entre si.

24.7 ALMA E CORPO

Tem-se procurado explicar, pela prática dos neurologistas, toda a classe de fenômenos intelectuais, através das ações combinadas do sistema nervoso; e, de fato, a Ciência atingiu certezas irrefutáveis, como, por exemplo, a de que uma lesão orgânica faz cessar a manifestação que lhe corresponde e que a destruição de uma rede nervosa faz desaparecer uma faculdade.

Semelhante asserto, porém, não afasta a verdade da influência de ordem espiritual e invisível, porque se faz mister compreender, não a alma insulada do corpo, mas ligada a esse corpo, o qual representa a sua forma objetivada, com um aglomerado de matérias imprescindíveis à sua condição de tangibilidade, animadas pela sua vontade e por seus atributos imortais.

Algumas escolas filosóficas fizeram da alma uma abstração, mas a Psicologia moderna restabeleceu a verdade, unindo os elementos psíquicos aos materiais, reconhecendo no corpo a representação da alma, representação material necessária, segundo as leis físicas imperantes na Terra, as quais colocaram no sensório o limite das percepções humanas, que são exíguas em relação ao número ilimitado das vibrações da vida, que para elas se conservam inapreensíveis.

É, pois, o corpo espiritual a alma fisiológica, assimilando a matéria ao seu molde, à sua estrutura, a fim de materializar-se no mundo palpável. Sem ele, a fecundação constaria de uma composição amorfa, e todas as manifestações inteligentes e sábias da natureza, que para todos nós devem significar a expressão da Vontade Divina, constituiriam uma série de fatos irregulares e incompreensíveis, sem objetivo determinado.

24.8 A EVOLUÇÃO INFINITA

E como se tem operado a evolução do corpo espiritual?
Remontai ao caos telúrico do vosso globo nas épocas primárias.
Cessadas as perturbações geológicas, estabelecido o repouso em algumas grandes extensões de matéria

resfriada, eis que, entre as forças cósmicas associadas, aparece o primeiro rudimento de vida organizada — o protoplasma. Eis que os séculos se escoam... eis as amebas, os zoófitos, os seres monstruosos das profundidades submarinas... Recapitulemos os milênios passados e acharemos a nossa própria história; a individualidade, o nosso *ego* constitui o nosso maior triunfo. E, chegados ao raciocínio e ao sentimento da Humanidade, através de vidas inumeráveis, teremos atingido o zênite da nossa evolução anímica? Não. Se nos achamos acima dos nossos semelhantes inferiores — os irracionais —, acima de nós se encontram os seres superiores da espiritualidade, que se hierarquizam ao infinito e cuja perfeição nos compete alcançar.

25
OS PODERES DO ESPÍRITO

Grande será o dia em que todos os homens reconhecerem sobre a matéria a soberana influência do Espírito.

Toda a imensa bagagem de progresso das civilizações não se fez sem o princípio espiritual: dele, as menores coisas dependeram, como ainda dependem; do seu reconhecimento, por parte de quantos habitam o orbe, advirão os resplendores da época de luz e de esclarecimento.

Esse tempo há de assinalar a época da crença pura e reconfortadora das almas, como manancial de esperanças; só esse surto de espiritualidade pode vivificar as construções religiosas, combalidas atualmente pelos abusos da grande maioria dos seus expositores, que, traindo os seus compromissos, se desviaram do píncaro luminoso do exemplo para o chavascal de mesquinhas materialidades.

25. 1 OS MENDIGOS DA SABEDORIA

Nos últimos tempos, a sede humana de saber o que existe além da Terra tem feito com que o homem engendre as mais fantasiosas teorias concernentes aos mistérios do ser e do destino, sobre o orbe terreno; no afã de estraçalhar os véus espessos que cobrem os enigmas da sua evolução, muitos foram os que descambaram para terrenos perigosos, onde encontram, apenas, os espinhos do ateísmo dissolvente. Esses Espíritos que, torturados com os problemas da vida, aí se entregam à criação de engenhosos sistemas, afiguram-se-nos desesperados à porta da sabedoria, orgulhosos na sua impotência e na sua incapacidade.

Muitos deles, anos e anos, persistem no mesmo trabalho e no mesmo esforço, alegando não terem encontrado o espírito em suas indagações científicas, abandonando a vida material com um passado que os enobrece pela atividade, bem-intencionada, por eles despendida, mas desolados, em reconhecendo infrutuosos os seus esforços, que outra coisa não conseguiram senão lançar a descrença e a confusão nas almas.

25. 2 A INSUFICIÊNCIA SENSORIAL

Reconhecem, então, a insuficiência sensorial que lhes obstava a compreensão do verdadeiro panorama da vida, no seu desdobramento universal; sentem a exiguidade dos sentidos do homem carnal e a relatividade de suas funções, ao penetrarem no domínio de vibrações que se lhes conservaram inacessíveis, chegando à conclusão de que as filosofias não podem ser substituídas pelas ciências positivas, e que sobre o mundo físico e objetivo paira uma região transcendente, onde a investigação não se pode fazer sentir, à falta de elementos de ordem material.

25. 3 A INÚTIL TENTATIVA

É inútil a tentativa de afastamento do Espírito na obra da evolução terrena. É ele, desde os primórdios da civilização, a alma de todas as realizações; e indestrutível é a doutrina biológica do vitalismo, porque o sistema do monismo e o mecanismo da seleção natural, se satisfazem a algumas questões insuladas, não resolvem os problemas mais importantes da vida.

O princípio das espécies, a origem dos instintos, as organizações primitivas das raças, das sociedades e das leis, só as teorias espiritualistas explicam satisfatoriamente.

25. 4 TUDO É VIBRAÇÃO ESPIRITUAL

Já não nos referindo aos poderes plásticos do Espírito, no tocante às questões fisiológicas, quais sejam as dos fenômenos osmóticos, a autonomia de certos órgãos que parecem independentes na sua ação dentro do organismo, o trabalho da célula que fabrica a antitoxina apta a destruir o micróbio que a ataca, a estrutura do princípio fetal, os sinais de nascença que a Ciência tem negado, baseando-se na ausência de ligação nervosa entre o feto e o organismo materno, desçamos ao mundo zootécnico. Somente a intervenção do princípio espiritual explica as metamorfoses dos insetos, o mimetismo, como o embrião dos instintos e das possibilidades do futuro. Tudo, nos domínios da matéria, se concatena e se reúne, sob a orientação de um princípio estranho às suas qualidades amorfas.

25. 5 A MATÉRIA

A matéria não organiza, é organizada. E não representa senão uma modalidade da energia esparsa no Universo. Os seus elementos não fazem outra coisa senão submeter-se às injunções do Espírito; e é a soberana influência deste último que elucida todos os problemas intrincados dos seres e dos destinos. É ao seu apelo, cedendo aos seus desejos, que todas as matérias brutas se vêm rarefazendo, oferecendo aspectos novos e delicados. A civilização, as conquistas científicas e as concepções religiosas representam o fruto dos labores dos Espíritos que, na Terra, se iniciaram nos trabalhos que regeneram e aperfeiçoam. O que lhes compete, na atualidade, é o não estacionamento nos domínios conquistados, laborando para que os ideais de justiça, de verdade e de paz se concretizem na face do orbe. É nessa tarefa bendita que devem concentrar os seus esforços para que o planeta terrestre não veja sucumbir, na aluvião de insânias das guerras, o seu patrimônio de progressos, obtidos à custa de trabalhos penosos e ingentes sacrifícios.

26
OS TEMPOS DO CONSOLADOR

A permissão de Deus para que nos manifestássemos ostensivamente, entre os agrupamentos dos nossos irmãos encarnados, chegou, justamente, a seu tempo, quando o espírito humano despido das vestes da puberdade, com o juízo amadurecido para assimilar algo da verdade, tateava entre vacilações e incertezas, estabelecidas pela investigação da Ciência, sem conseguir adaptar-se ao demasiado simbolismo das ideias religiosas, latentes na alma humana, desde os tempos primevos dos trogloditas.

Justamente na época requerida, consoante as profecias do Divino Mestre, derramou-se da sua luz sobre toda a carne, e os emissários do Alto, segundo as suas possibilidades e os méritos individuais, têm auxiliado a ascensão dos conhecimentos humanos para os planos elevados da espiritualidade.

26. 1 A CONCEPÇÃO DA DIVINDADE

Desde as eras primárias da civilização, a ideia de um poder superior, interferindo nas questões mundanas, vem guiando o homem através dos seus caminhos, e a Religião sempre constituiu o maior fator da moral social, se bem que apresentasse a Divindade à semelhança do homem, em seus ensinamentos exotéricos.

O Cristianismo, inaugurando um novo ciclo de progresso espiritual, renovou as concepções de Deus no seio das ideias religiosas; todavia, após a sua propagação, várias foram as interpretações escriturísticas, dando azo a que as facções sectaristas tentassem, isoladamente, ser as suas únicas representantes; a Igreja Católica e as numerosas seitas protestantes, nascidas do ambiente por ela formado, têm levado longe a luta religiosa, esquecidas de que a Providência Divina é Amor. Estabeleceram com a sua acanhada hermenêutica os dogmas de fé, nutrindo-se das fortunas iníquas a que se referem os Evangelhos, prejudicando os necessitados e os infelizes.

26. 2 A FÉ ANTE A CIÊNCIA

Mas, como o progresso não conhece obstáculos, os artigos de fé equivaleram a *estagnações isoladas*. Se conseguiram satisfazer à Humanidade em um período mais ou menos remoto da sua evolução, caducaram desde que o laboratório obscureceu a sacristia.

A Ciência desvendou ao espírito humano as perspectivas inconcebíveis do Infinito; o telescópio descortinou a grandeza do Universo, e os novos conhecimentos cosmogônicos demandaram outra concepção do Criador. Desvendando, paulatinamente, as sublimes grandiosidades da natureza invisível, a Ciência embriagou-se com a beleza de tão lindos mistérios e estabeleceu o caminho positivo para encontrar Deus, como descobrira o mundo microbiano, ao preço de acuradas perquirições. É que a Divindade das religiões vigentes era defeituosa e deformada pelos seus atributos exclusivamente humanos; as Igrejas estavam acorrentadas ao dogmatismo e escravizadas aos interesses do mundo. A confusão estabeleceu-se. Foi quando o Espiritismo fez sentir mais claramente a grandeza do seu ensinamento, dirigindo-se não só ao coração, mas igualmente ao raciocínio. O Céu descerrou um fragmento do seu mistério, e a voz dos Espaços se fez ouvir.

26. 3 OS ESCLARECIMENTOS DO ESPIRITISMO

Foi assim que a religião da verdade surgiu na Terra, no momento oportuno. As igrejas estagnadas encontravam-se no obsoletismo, incapazes de sancionar as ideias novas, vivendo quase que exclusivamente das suas características de materialidade e do seu simbolismo, terminado o tempo de sua necessária influência no mundo. As conquistas científicas não se coadunavam com o espírito dogmático, e o Espiritismo, com as suas lições magníficas, alargou infinitamente a perspectiva da vida universal, explicando e provando que a existência não se observa somente na face da Terra opaca e cheia de dores.

Há céus inumeráveis e inumeráveis mundos onde a vida palpita numa eterna mocidade; todos eles se encadeiam, se abraçam dentro do magnetismo universal, vivificados pela luz, imagem real da Alma Divina, presente em toda parte.

A carne é uma vestimenta temporária, organizada segundo a vibração espiritual, e essa mesma vibração esclarece todos os enigmas da matéria.

26. 4 NÓS VIVEREMOS ETERNAMENTE

A Doutrina dos Espíritos, pois, veio desvendar ao homem o panorama da sua evolução, e esclarecê-lo no problema das suas responsabilidades, porque a vida não é privilégio da Terra obscura, mas a manifestação do Criador em todos os recantos do Universo.

Nós viveremos eternamente, através do Infinito, e o conhecimento da imortalidade expõe os nossos deveres de solidariedade para com todos os seres, em nosso caminho; por esta razão, a Doutrina Espírita é uma síntese gloriosa de fraternidade e de amor. O seu grande objeto é esclarecer a inteligência humana.

Oxalá possam os homens compreender a excelsitude do ensinamento dos Espíritos e aproveitar o fruto bendito das suas experiências; com o entendimento esclarecido, interpretarão com fidelidade o "Amai-vos uns aos outros", em sua profunda significação.

Os instrutores dos planos espirituais, em que nos achamos, regozijam-se com todos os triunfos da vossa

Ciência, porque toda conquista importa em grande e abençoado esforço, e, pelo trabalho perseverante, o homem conhecerá todas as leis que lhe presidem ao destino.

27
OS DOGMAS E OS PRECONCEITOS

Os maiores obstáculos, para que se propaguem no seio das sociedades modernas os ensinamentos salutares e proveitosos do Consolador, são constituídos pelas imensas barreiras que lhes levantam os dogmas e preconceitos de todos os matizes, nas escolas científicas e facções religiosas, militantes em todas as partes do globo.

27.1 AÇÕES PERTURBADORAS

Muitos espíritos, afeitos ao tradicionalismo intransigente e rotineiro, são incapazes de conceber a estrada ascensional do progresso, como de fato ela é, cheia de lições novas e crescentes resplendores; é assim que, completando as longas fileiras de retardatários, perturbam, às vezes, a paz dos que estudam devotamente no livro maravilhoso da Vida, com as suas opiniões disparatadas, prevalecendo-se de certas posições mundanas, abusando de prerrogativas transitórias que lhes são outorgadas pelas fortunas iníquas.

Não conseguem, porém, mais do que estabelecer a confusão, sem que as suas mentes egoístas tragam algo de belo, de novo ou de verdadeiro, que aproveite ao progresso geral. Seus trabalhos se prestam unicamente às suas experiências pessoais nos domínios do conhecimento, não conseguindo viver na memória dos pósteros, porquanto a veneração da posteridade é uma galeria gloriosa reservada, quase que invariavelmente, aos que passaram na Terra perseguidos e desprezados, e que se impuseram à Humanidade ofertando-lhe generosamente o fruto abençoado dos seus sacrifícios imensos e das suas dores incontáveis.

27. 2 CARACTERÍSTICAS DA SOCIEDADE MODERNA

Desalentadoras são as características da sociedade moderna, porque, se a coletividade se orgulha dos seus progressos físicos, o homem se encontra, moralmente, muito distanciado dessa evolução. Semelhante anomalia é a consequência inevitável da ignorância das criaturas, com respeito à sua própria natureza, desconhecimento deplorável que as incita a todos os desvios. Vivendo apenas entre as coisas relativas à matéria, submergem nas superficialidades prejudiciais ao seu avanço espiritual. Ignoram, quase que totalmente, o que sejam as suas forças latentes e as suas possibilidades infinitas, adormecendo ao canto embalador dos gozos falsos do *eu pessoal*, e apenas os sofrimentos e as dificuldades as obrigam a despertar para a existência espiritual, na qual reconhecem quanta alegria dimana do exercício do bem e da prática da virtude, entre as santas lições da verdadeira fraternidade.

27. 3 A CIÊNCIA E A RELIGIÃO

Infelizmente, se a Ciência e a Religião constituem as forças matrizes de esclarecimento das almas, vemos uma empoleirada na negação absoluta e a outra nas afirmações arriscadas e absurdas. A Ciência criou a academia, e a religião sectarista criou a sacristia; uma e outra, abarrotadas de dogmas e preconceitos, repelindo-se como polos contrários, dentro dos seus conflitos têm somente realizado separação em vez de união, guerra em vez de paz, descrença em vez de fé, arruinando as almas e afastando-as da luz da verdadeira espiritualidade.

Entre a força de um preconceito e o atrevimento de um dogma, o espírito se perturba, e, no círculo dessas vibrações antagônicas, acha-se sem bússola no mundo das coisas subjetivas, concentrando, naturalmente, na esfera das coisas físicas, todas as suas preocupações.

27. 4 O TRABALHO DOS INTELECTUAIS

É por essa razão que de grandes responsabilidades se investem aqueles que se entregam na Terra aos labores espirituais sob todos os aspectos em que se nos apresentam; grandes serviços constam de suas incumbências, e elevada conta lhes será solicitada dos seus afazeres sobre a face do planeta. Dolorosas decepções os aguardam na existência de Além-túmulo, quando menosprezam as suas possibilidades para o bem comum, fazendo de suas faculdades intelectuais objeto de mercantilismo, em troca de prebendas, as quais, augurando-lhes um porvir de repouso egoístico na vida transitória, os fazem estacionários e nocivos às coletividades, o que equivale a existências de provas amargas, entre prolongadas obliterações dos seus poderes de expressão.

Não é que o artista e o pensador devam aderir a este ou àquele sistema religioso, ou alistar-se sob determinada bandeira filosófica; o que se faz mister é compreender a necessidade da tarefa de espiritualização, trabalhando no edifício sublime do progresso comum, colaborando na campanha de regeneração e de reforma dos caracteres, auxiliando todas as ideias nobres e generosas, em qualquer templo, facção ou casta em que vicejem, espiritualizando as suas concepções, transformando a ação inteligente num apelo a todos os Espíritos para a perfeição, desvendando-lhes os segredos da beleza, da luz, do bem, do amor, por meio da arte na Ciência e na Religião, em suas manifestações mais rudimentares.

Que todos operem na difusão da verdade, quebrando a cadeia férrea dos formalismos impostos pelas pseudoautoridades da cátedra ou do altar, amando a vida terrena com intensidade e devotamento, cooperando para que se ampliem as suas condições de perfectibilidade, convencendo-se de que as suas felicidades residem nas coisas mais simples.

28
AS COMUNICAÇÕES ESPÍRITAS

Por todos os recantos da Terra, fazem-se ouvir, nos tempos que correm, as vozes dos Espíritos que, na sua infatigável atividade, conduzem a luz da verdade a todos os ambientes, dosando as suas lições segundo o grau de perceptibilidade daqueles que as recebem.

Os ensinamentos do Espaço pululam nas escolas, nos templos, nas oficinas e, aos poucos, ides compreendendo a comunhão do orbe terráqueo com planos invisíveis. O Espiritismo tem doutrinado convenientemente a fé e a Ciência, preparando-as para os esponsais do porvir.

Se é verdade que a tibieza de alguns trabalhadores, obcecados pelos preconceitos, tem entravado a marcha da Doutrina consoladora, devemos reconhecer que muitas mentalidades, saturadas de suas claridades benditas, têm concorrido com os melhores esforços da sua existência em favor da propagação dos seus salutares princípios, desobrigando-se nobremente dos seus deveres para com a Bondade Divina.

28.1 O MEDIUNISMO

Vários autores não têm visto, na extensa bibliografia dos escritores mediúnicos, senão reflexos da alma dos médiuns, emersões da subconsciência, que impelem os mais honestos a involuntárias mistificações.

Excetuando-se alguns casos esporádicos, em que abundam os elementos prestantes à identificação, as mensagens mediúnicas são repositórios de advertências morais, cuja repetição se lhes afigura soporífera. Todavia, erram os que formulam semelhantes juízos. Diminuta é a percentagem dos intrínsecos, já que todo o mediunismo, ainda que na materialização e no automatismo perfeitos, se baseia no Espiritismo e Animismo conjugados.

28.2 A COMUNHÃO DOS DOIS MUNDOS

Os desencarnados não podem imiscuir-se na vida material com a plenitude das faculdades readquiridas, e o médium, por sua vez, frequentemente, em vista das suas condições e circunstâncias, está impossibilitado de corresponder à potencialidade vibratória daqueles que o procuram para veicular o seu pensamento.

A alma, emancipada dos liames terrestres, integra a comunidade do outro mundo, que não é o da carne, e, daí, a necessidade imprescindível de submeter-se às condições de ordem material para se manifestar; esse fato constitui uma dificuldade extraordinária à consciência depurada, que já desferiu o voo altíssimo aos denominados planos felizes do Universo, dificuldade que essa adaptação à materialidade implica.

A comunhão dos dois mundos, o físico e o invisível, está, pois, baseada nos mais sutis elementos de ordem espiritual.

28. 3 OS ESPÍRITOS BENIGNOS

Por essa razão, as luminosas mensagens dos grandes mentores da Humanidade são inspiradas aos seres terrenos por meio de processos inacessíveis ao seu entendimento atual, e a maioria das entidades comunicantes são verdadeiros homens comuns, relativos e falhos, porquanto são almas que conservam, às vezes integralmente, o seu corpo somático e cujo *habitat* é o próprio orbe que lhes guarda os despojos e as vastas zonas dos espaços que o cercam, atmosferas do próprio planeta, que poderíamos classificar de colônias terrenas nos planos da Erraticidade.

Aí se congregam os seres afins e, nesse meio, vivem e operam muitas elites espirituais, constituídas por Espíritos benignos, mas não aperfeiçoados, os quais, sob ordens superiores, laboram pelo seu próprio adiantamento e a prol da evolução humana, volvendo novamente à carne ou trabalhando pelo progresso no seio das coletividades terrestres.

28. 4 O QUE REPRESENTAM AS COMUNICAÇÕES

Dos motivos expostos, infere-se que a suposta vulgaridade dos ditados mediúnicos é um fato naturalíssimo, porque emanam das almas dos próprios homens da Terra, imbuídos de gosto pessoal, já que o corpo das suas impressões persiste com precisão matemática, e somente os séculos, com o seu consequente aglomerado de experiências, conseguem modificar as disposições cármicas ou perispirituais de cada indivíduo. Procuram agir no plano físico unicamente para demonstração da sobrevivência além da morte, levantando os ânimos enfraquecidos, porque dilatam os horizontes da fé e da esperança no futuro; porém, jamais serão portadores da palavra suprema do progresso, não só porque a sua sabedoria é igualmente relativa, como também porque viriam anular o valor da iniciativa pessoal e a insofismável realidade do arbítrio humano.

28. 5 OS PLANOS DA EVOLUÇÃO

Assim como o Infinito é uma lei para os estados das consciências, temos o infinito de planos no Universo, e todos os planos se interpenetram, dentro da maravilhosa lei de solidariedade; cada plano recebe, daquele que lhe é superior, apenas o bastante ao seu estado evolutivo, sendo de efeito contraproducente ministrar-lhe conhecimentos que não poderia suportar.

A evolução, sob todos os seus aspectos, deve ser procurada com afinco, pois é dentro dessa aspiração que vemos a verdade da afirmação evangélica — "a quem mais tiver, mais será dado".

À medida que o homem progride moralmente, mais se aperfeiçoará o processo da sua comunhão com os planos invisíveis que lhe são superiores.

29
DO *MODUS OPERANDI* DOS ESPÍRITOS

O *modus operandi* das entidades que se comunicam, nos ambientes terrestres, tem a sua base no magnetismo universal, dentro do qual todos os seres e mundos gravitam para a perfeição suprema; e incalculável é a extensão do papel que a sugestão e a telepatia representam nos fenômenos mediúnicos.

29.1 O PROCESSO DAS COMUNICAÇÕES

O processo das comunicações entre os planos visível e invisível, mormente quando se trata de trabalhos que interessam de perto o progresso moral das criaturas, trabalhos esses que requerem a utilização de inteligências nobilíssimas do Espaço, cujo grau de elevação o meio terrestre não pode comportar, verifica-se, quase que invariavelmente, dentro de um teledinamismo poderoso, que estais longe ainda de apreciar nas vossas condições de Espíritos encarnados.

Entidades sábias e benevolentes, que já se desvencilharam totalmente dos envoltórios terrenos, basta que o desejem, para que distâncias imensas sejam facilmente anuladas, a fim de que os seus elevados ensinamentos sejam ministrados, desde que haja cérebro possuidor de capacidade receptiva e que lhes não ofereça obstáculos insuperáveis.

29. 2 OS APARELHOS MEDIÚNICOS

Aqueles que possuem essas faculdades registradoras dos pensamentos, que dimanam dos planos invisíveis, são os chamados sensitivos ou médiuns; porém, essa condição será a de todos os homens do porvir. São inúmeras as legiões de seres que perambulam convosco, sem os indumentos carnais, e que permanecem nas latitudes do vosso planeta, sendo necessário considerar que a maioria dos que evolutiram e se conservam nas esferas de um conhecimento muito superior ao vosso, pelas condições inerentes à sua própria natureza, não vos podem estar próximos. Enviam aos homens a sua mensagem luminosa dos cimos resplandecentes em que se encontram, e, formulando o desejo de ação nos planos da matéria, atuam com a sua vontade superior sobre o cérebro visado, o qual se encontra em afinidade com as suas vibrações e, através de forças teledinâmicas, que podereis avaliar com os fluidos elétricos, cuja utilização encetais na face do globo, influenciam a natureza particular do sensitivo, afetando-lhe o sensório, atuando sobre os seus centros óticos e aparelhos auditivos, desaparecendo perfeitamente as distâncias que se não medem; na alma do *sujet* começa então a operar-se uma série de fenômenos alucinatórios sob a ação consciente do Espírito que o guia dos planos intangíveis. Este, segundo a sua necessidade, o induz a ver essa ou aquela imagem, em vibrações que o envolvem, as quais são traduzidas pelo sensitivo de acordo com as suas possibilidades intelectivas e sentimentais. Há instrumentos que interpretam com fidelidade o que se lhes entrega; outros, porém, não dispõem de elementos necessários para esse fim.

Não se conjeture a necessidade, por parte dos desencarnados, de trabalho fatigante para que tais fenômenos se verifiquem, concretizando-se no plano físico; tais fatos se realizam naturalmente, bastando para isso o seu desejo e o poder de fazê-lo.

29. 3 A IDEOPLASTICIDADE DO PENSAMENTO

Ignorais, na Terra, a maravilhosa ideoplasticidade do pensamento. Conhecendo a plenitude de suas faculdades, após haver triunfado em muitas experiências que lhes asseguraram elevada posição espiritual, senhores de portentosos dons psíquicos, conquistados com a fé e com a virtude incorruptíveis, os Espíritos superiores possuem uma vontade potente e criadora de todas as formas da beleza. Às vezes, apresentam-se ao vidente grandiosas cenas da história do planeta, multidões luminosas, legiões de almas, quadros esses que, na maioria das vezes, constituem os pensamentos materializados das mentes evolvidas que os arquitetam, e que atuam sobre os centros visuais dos sensitivos, objetivando o progresso geral.

É assim que se estabelece a união dos dois mundos, o físico e o espiritual, através de fatores inacessíveis às vossas medidas e instrumentos materiais.

O tempo reserva muitas surpresas ao homem, dentro da proporção da sua evolução moral, concretizando o edifício imortal de todas as ideias altruísticas, nobres e generosas, sendo totalmente inútil que alguns deles se arvorem em supremas autoridades nos variados ramos da vida, porque, dentro da sua pretensiosa indigência, se perderão fatalmente no labirinto discursivo dos seus argumentos mateotécnicos.

30
EVANGELIZAÇÃO DOS DESENCARNADOS

São-nos gratas, a todos nós que já nos libertamos da cadeia material, as vossas reuniões de evangelização. A alguém poderá parecer que, com essa preferência, criamos também, para cá dos limites da Terra, um círculo vicioso, onde eternamente nos debatemos. Tal opinião, porém, será erradamente emitida, porquanto, desconhecendo o nosso *modus vivendi*, muitas vezes não considerais que o homem, acima de tudo, é Espírito, alma, vibração, e que esse Espírito, salvo em casos excepcionais, se conserva o mesmo após a morte do corpo, com idênticos defeitos e as mesmas inclinações que o caracterizavam à face do mundo.

Conduzimos, portanto, frequentemente, até o vosso meio, a fim de se colocarem em contato com a verdade da sua nova situação, aqueles dos nossos semelhantes que aqui se encontram ainda impregnados das sensações corporais.

30. 1 A SITUAÇÃO DOS RECÉM-LIBERTOS DA CARNE

Identificados de tal forma com a matéria, sentindo tão intensamente as suas impressões, não se encontram aptos a compreender a nossa linguagem e precisam ouvir a voz materializada daqueles que, cumprindo os desígnios do Alto, ainda se conservam no exílio, aguardando a alvorada de sua redenção.

É ainda reduzido o número dos que despertam na luz espiritual plenamente cônscios da sua situação, porque diminuta é a percentagem de seres humanos que se preocupam sinceramente com as questões do seu aprimoramento moral. A maioria dos desencarnados, nos seus primeiros dias da vida além do túmulo, não encontram senão os reflexos dos seus péssimos hábitos e das suas paixões, que, nos ambientes diversos de outra vida, os aborrecem e deprimem. O corpo das suas impressões físicas prossegue perfeito, fazendo-lhes experimentar acerbas torturas e inenarráveis sofrimentos.

30. 2 AS EXORTAÇÕES EVANGÉLICAS

As exortações evangélicas são, pois, lenitivos de muitos padecimentos morais, de muitas dores amaríssimas, que acompanham as almas após a travessia da morte, cheia de sombras ou de claridades. Há sofredores a aliviar, ignorantes a instruir, sedentos de paz e de amor. Quando assim acontece, é natural que o tempo seja dedicado à nobre tarefa de espalhar a luz do ensino e do conforto espiritual.

Numa assembleia dos que se consagram ao estudo das ciências, é natural a discussão sobre a matéria cósmica, sobre a onda hertziana; mas, ao lado da turba dos infelizes, é preciso mostrar a estrada da regeneração e da verdadeira ventura.

O Espiritismo não é somente antídoto para as crises que perturbam os habitantes da Terra; os seus ensinamentos salutares e doces reerguem, nos desencarnados, as esperanças desfalecidas à falta de amparo e de alimento; é aí que a Doutrina edifica os transviados do dever e os sofredores saturados desses acerbos remorsos que somente as lágrimas fazem desaparecer.

30. 3 A LIÇÃO DAS ALMAS

Cada alma que se vos apresenta, e que leva até aos vossos ouvidos o eco das suas palavras, traz na fronte o estatuto da verdade que vos compele aos atos puros e meritórios e aos pensamentos elevados que enobrecem a consciência.

Não regressaríamos da morte sem um alto e nobre objetivo.

O escopo das nossas atividades é a demonstração da realidade insofismável de que vivemos, e regressamos do plano invisível para vos dizer que o Espaço, como um livro misterioso, encerra toda a nossa vida. Uma intenção, uma lágrima oculta, uma virtude nobilitante estão patentes nas suas páginas prodigiosas, que, por uma disposição inacessível ainda à vossa compreensão, registra os mais recônditos pensamentos e ações da nossa existência.

Objetivamos, portanto, cultivar em vossos corações a certeza consoladora da crença pura, trabalhando para que a tolerância, a meditação e a caridade sejam as vossas companheiras assíduas.

30. 4 ENSINAR E PRATICAR

Todas as ciências estão ricas de especulações teóricas, todas as religiões que se divorciaram do amor estão repletas de palavras, quase sempre vazias e incompreensíveis.

As predicações são ouvidas, por toda parte; mas a prática, esta, é rara; e daí a necessidade de se habituar a ela com devotamento, para que os atos revelem os sentimentos, operando com o espírito de verdadeira humildade.

Caminhai, pois, nos pedregosos caminhos das provações. À medida que marchardes cheios de serenidade e de confiança, mais belas provas colhereis da luminosa manhã da imortalidade que vos espera, além do silêncio dos túmulos.

31
OS ESPÍRITOS DA TERRA

Está cheio o vosso mundo de Espíritos atrasados em sua evolução, encarnados e desencarnados, em cujas mentes ainda não se fixaram nitidamente as noções do dever em todos os seus prismas.

Admirai-vos, às vezes, os que vos acolheis sob a bandeira da paz da consoladora Doutrina dos Espíritos, da incompreensão que lavra no mundo e da teimosia de muitas consciências rebeldes à luz e refratárias à verdade; a Terra está cheia de dores, oriundas dos abusos levados a efeito por elevado número dos seus habitantes que, aliás, constituem considerável maioria.

Vós, porém, que estudais e vos sentis possuídos da aspiração de melhorar, procurai ponderar todas as questões que se vos apresentem, com acurada atenção, procurando resolver todos os problemas à luz de esclarecido entendimento.

31.1 ESPÍRITOS DA TERRA

A Terra está povoada, em quase todas as latitudes, de seres que se desenvolveram com ela própria e que se afinam perfeitamente às suas condições fluídicas.

Pequena percentagem de homens é constituída de elementos espirituais de outros orbes mais elevados que o vosso; daí, a enorme diferença de avanço moral entre os seres humanos e os abnegados apóstolos da luz que, em todos os tempos, tentam clarear-lhes as estradas do progresso. É comum conhecerem-se pessoas que nutrem perfeita adoração a todos os prazeres que o mundo lhes oferece. Por minuto de voluptuosidade, pela contemplação dos seus haveres efêmeros, por uma hora de contato com as suas ilusões, jamais procurariam o conhecimento das verdades da eterna vida do Espírito; procuram toda casta de gozos, evitam qualquer estudo ou meditação e se entregam, freneticamente, ao bem-estar que a carne lhes oferta. Essas criaturas, invariavelmente, são Espíritos estritamente terrenos, que não saem dos âmbitos da existência mesquinha do planeta; esta afirmação, porém, não implica, de modo geral, a origem desses seres em vosso próprio orbe, mas, sim, a verdade de que muitos deles, pelas suas condições psíquicas, mereceram viver em sua superfície, como prova, expiação ou meio de progresso. Apegam-se com fervor a tudo quanto seja carnal, e experimentam o pavor da morte, inseguros na sua fé e falhos de conhecimentos quanto à sua vida futura.

31. 2 COMO SE OPERA O PROGRESSO GERAL

O progresso espiritual dessas criaturas verifica-se com a vinda incessante, ao planeta, de almas esclarecidas, que já tiveram a ventura de conhecer outros planos mais elevados do Universo, e que deles vêm mais ricas em conhecimento e virtude, derramando lições preciosas nos ambientes em que encarnam. Quando notardes, em meio de uma coletividade, certas almas que dela se distanciam por suas elevadas qualidades morais, mais adiantadas que seus irmãos em noções dignificadoras do espírito, podeis crer que esses seres estão na Terra temporariamente, isto é, por tempo breve, resgatando desvios de pretérito longínquo ou desempenhando o elevado papel de missionários. Trazem sempre exemplos nobilitantes, que obrigam os seus semelhantes à imitação, ou realizam reformas nos domínios das atividades a que se dedicam, com o conhecimento inato de que são portadores, em razão da sua permanência em outras esferas.

É assim que se observa a evolução moral e intelectual do homem terreno, que vem adaptando, através dos evos, o que tem recebido dos nobres mensageiros das mansões iluminadas do universo, corporificados em seu meio ambiente.

31. 3 OS PERÍODOS DE RENOVAÇÃO

Quando se verifica um *statu quo* nas correntes evolutivas, que parecem, às vezes, estagnar, grandes conjuntos de almas evolvidas combinam entre si uma vinda coletiva ao orbe terreno, e ativamente abrem novas portas à Arte, à Ciência, à virtude e à inteligência da Humanidade.

Conheceis, em vossa História, desses períodos de ressurreição espiritual! Tendes exemplos relevantes no século de Péricles, na antiga Hélade e no movimento de renovação que se operou na Europa, com os artistas inspirados que encheram de luz os dias da Renascença.

31. 4 MISSÃO DO ESPIRITISMO

Em vossos dias, o Espiritismo, que representa o Consolador Prometido pelo Cristo aos séculos posteriores à sua vinda ao mundo, é uma extraordinária mensagem do Céu à Terra, e faz-se necessário aquilatar-lhe o valor.

Inda existem multidões de Espíritos rebeldes; porém, a consciência terrena, em suas características gerais, está agora apta a receber, depois de tantos anos de lutas, o conhecimento espiritual que lhe fará desprezar os últimos resquícios da materialidade inconsciente, aprendendo a discernir os seus erros. Espalhando a Boa-Nova da Imortalidade, a Doutrina de amor abrirá novos horizontes à esperança dos homens, conduzindo-os à aquisição do tesouro espiritual, reservado por Deus a todas as suas criaturas.

Quando todos os homens compreenderem o sentido de suas magníficas lições, o vosso planeta terá atingido uma nova fase evolutiva, e o Espiritismo terá concluído, entre vós, a sua sagrada e gloriosa missão.

32
DOS DESTINOS

Não poucas vezes vos preocupais, nas lides planetárias, com as provações necessárias, que julgais excessivas para as vossas forças.

Crede! O fardo que faz vergar os vossos ombros não é demasiado para as vossas possibilidades.

Deus tudo prevê e, sobretudo, a escolha de semelhantes provações é uma questão de preferência individual; é frequente a vossa incompreensão a respeito desse ensinamento espiritualista.

Estais, porém, entre as masmorras da carne, a vossa consciência limitada frequentemente se nega a encarar a luz em todos os seus divinos resplendores.

32.1 A VIDA VERDADEIRA

Somente fora da existência material podeis refletir acertadamente sobre a verdade. Apenas a vida espiritual é verdadeira e eterna.

E estais certos de que, com a satisfação dos menores caprichos sobre a face do mundo, poderíeis adquirir elementos meritórios para a existência real? O gozo reiterado não vos enlaçaria, mais ainda, na trama da carne passageira? Sabeis se poderíeis suportar a riqueza sem os desregramentos, a mesa lauta sem os desvios da gula, a posse sem o egoísmo, o bem-estar próprio com o interesse caridoso pela sorte dos outros seres?

Ponderai tudo isso e descobrireis o motivo pelo qual a quase totalidade dos seres humanos escolheu o cenário obscuro e triste das dores para argamassar o tesouro de suas felicidades imorredouras e o patrimônio de suas aquisições espirituais.

32. 2 A ESCOLHA DAS PROVAÇÕES

Várias vezes já têm sido repetidos os ensinamentos que estou transmitindo sobre as provações terrenas de cada indivíduo.

Muito antes da encarnação, o Espírito faz o cômputo de suas possibilidades, estuda o caminho que melhor se lhe afigura na luta da perfectibilidade e, de acordo com as suas vocações e segundo o grau de evolução já alcançado, escolhe, em plena posse de sua consciência, a estrada que se lhe desenha no porvir, fecunda de progressos espirituais.

Dentro do infinito do Universo e com as faculdades integrais do seu próprio *eu*, reconhece a alma que somente a luta lhe oferta inúmeras possibilidades de evolução, em todos os setores da atividade humana; e, daí, a preferência pelos ambientes de dor e privação, abençoados corretivos que a Providência lhe oferece para a redenção do passado ou para o desenvolvimento das suas forças latentes e imprecisas; cada Espírito, voluntariamente, escolhe as suas sendas futuras, conforme o seu progresso e de acordo com os desígnios superiores.

32. 3 O ESQUECIMENTO DO PASSADO

Na existência corporal, todavia, a alma sente a memória obscurecida, num olvido quase total do passado, a fim de que os seus esforços se valorizem; a consciência então é fragmentária, parcial, porquanto as suas faculdades estão eclipsadas pelos pesados véus da matéria, os quais atenuam ao mínimo as suas vibrações, constituindo, porém, esses poderes prodigiosos, mas ocultos, as extraordinárias possibilidades da vasta subconsciência, que os cientistas do século estudam acuradamente.

Tais forças e progressos adquiridos, o Espírito jamais os perde; são parte integrante do seu patrimônio e, na vida material, podem emergir no exercício da mediunidade, nas hipnoses profundas, ou em outras circunstâncias que facilitam o desprendimento temporário dos elementos psíquicos.

32. 4 O HOMEM E SEU DESTINO

Isoladamente, cada um tem no planeta o mapa das suas lutas e dos seus serviços. O berço de todo homem é o princípio de um labirinto de tentações e de dores, inerentes à própria vida na esfera terrestre, labirinto por ele mesmo traçado e que necessita palmilhar com intrepidez moral.

Portanto, qualquer alma tem o seu destino traçado sob o ponto de vista do trabalho e do sofrimento, e, sem paradoxos, tem de combater com o seu próprio destino, porque o homem não nasceu para ser vencido; todo Espírito labora para dominar a matéria e triunfar dos seus impulsos inferiores.

32. 5 A VIDA É SEMPRE AMOR

É dessa verdade que necessitais convencer-vos. Existe a provação e faz-se mister não se entregar inteiramente a ela. O Espírito ordena e o corpo obedece. A luta é o meio para o êxito na conquista da vida. E a vida integral não é a existência terrena, repleta de vicissitudes sem conta; é a glorificação do amor, da atividade, da luz, de tudo quanto é nobre e belo no Universo; e a consciência é o laço que liga cada Espírito a esse *nec plus ultra* que denominamos — a Eternidade.

33
QUATRO QUESTÕES DE FILOSOFIA

33.1 DETERMINISMO E LIVRE-ARBÍTRIO

Pergunta — O futuro, de um modo geral, estará rigorosamente determinado, como parece demonstrado pelos fenômenos ditos premonitórios, ou esses fenômenos envolvem um determinismo conciliável com os dados imediatos da consciência sobre os quais são geralmente estabelecidas as noções de liberdade e responsabilidade individuais? E em que termos, nestes últimos casos, se exerce esse determinismo, do ponto de vista teleológico?

Resposta — Os seres da minha esfera não conhecem o futuro, nem podem interferir nas coisas que lhe pertencem. Acreditamos, todavia, que o porvir, sem estar rigorosamente determinado, está previsto nas suas linhas gerais.

Imaginai um homem que fosse efetuar uma viagem. Todo o seu trajeto está previsto: dia de partida, caminhos, etapas, dia de chegada. Todas as atividades, contudo, no transcurso da viagem, estão afetas ao viajante, que se pode desviar ou não do roteiro traçado, segundo os ditames da sua vontade. Daí se infere que o livre-arbítrio é lei irrevogável na esfera individual, perfeitamente separável das questões do destino, anteriormente preparado. Os atos premonitórios são sempre dirigidos por entidades superiores, que procuram demonstrar a verdade de que a criatura não se reduz a um complexo de oxigênio, fosfato, etc., e que, além das percepções limitadas do homem físico, estão as faculdades superiores do homem transcendente.

33. 2 O TEMPO E O ESPAÇO

Pergunta — O espaço e o tempo serão apenas formas viciosas do intelecto, ou terão uma expressão objetiva no esquema da realidade pura? E, neste último caso, quais serão as relações fundamentais entre espaço e tempo?

Resposta — No esquema das realidades eternas e absolutas, tempo e espaço não têm expressões objetivas; se são propriamente formas viciosas do vosso intelecto, elas são precisas ao homem como expressões de controle dos fenômenos da sua existência. As figuras, em cada plano de aperfeiçoamento da vida, são correspondentes à organização através da qual o Espírito se manifesta.

33. 3 ESPÍRITO E MATÉRIA

Pergunta — Será lícito considerar-se espírito e matéria como dois estados alotrópicos de um só elemento primordial, de maneira a obter-se a conciliação das duas escolas perpetuamente em luta, dualista e monista, chegando-se a uma concepção unitária do universo?

Resposta — É lícito considerar-se espírito e matéria como estados diversos de uma essência imutável, chegando-se dessa forma a estabelecer a unidade substancial do Universo. Dentro, porém, desse monismo físico-psíquico, perfeitamente conciliável com a doutrina dualista, faz-se preciso considerar a matéria como o estado negativo, e o espírito como o estado positivo dessa substância. O ponto de integração dos dois elementos estreitamente unidos em todos os planos do nosso relativo conhecimento, ainda não o encontramos.

A Ciência terrena, no estudo das vibrações, chegará a conceber a unidade de todas as forças físicas e psíquicas do Universo. O homem, porém, terá sempre um limite nas suas investigações sobre a matéria e o movimento. Esse limite é determinado por leis sábias e justas, mas, cientificamente, poderemos classificar esse estado inibitório como oriundo da estrutura do seu olho e da insuficiência das suas faculdades sensoriais.

33. 4 O PRINCÍPIO DE UNIDADE

Pergunta — Todos nós temos consciência dos princípios de unidade e variação, ou de universalidade e individualidade, que funcionam juntos em nosso mundo. Onde se encontra o ponto de interação, ou lugar de reunião desses dois termos opostos?

Resposta — Se temos aí consciência dos princípios de unidade e variação, ainda aqui os observamos, sem haver descoberto o seu ponto íntimo de união.

Todavia, o princípio soberano de unidade absorve todas as variações, crendo nós que, sem perdermos a consciência individual no transcurso dos milênios, chegaremos a reunir-nos no grande princípio da unidade, que é a perfeição.

34
VOZES NO DESERTO

A Psicologia dos tempos modernos, no planeta terrestre, apresenta as questões mais interessantes à observação das inteligências atiladas e estudiosas dos problemas sérios da vida.

Todos os sociólogos falam da necessidade de providências que amparem os homens, à beira dos abismos escuros do morticínio e da destruição.

Ante o domínio das crises de toda natureza, foi na Europa que começaram os clamores e as exortações. Todos os analistas dos problemas sociais falaram em morte da civilização, em necessidades imperiosas dos povos, em doutrinas novas de revigoramento das coletividades, dentro do propósito de solucionar as suas questões econômicas. No exame de quase todos os problemas desse jaez, solicitou-se a colaboração da Sociedade de Genebra, com objetivo da cooperação necessária de todos os países. Surgiram, então, regimes de experiência em que, na atualidade, assistimos às atividades dos manipuladores das massas. E nesses mesmos clamores transportam-se à Ásia.

Enquanto a China preferia descansar no seio das suas tradições, o Japão estabelecia um pacto de cooperação com o Ocidente, organizava tratados e entendimentos, criando, apressadamente, a sua hegemonia pelas armas, com a doutrina da unidade asiática.

Todas as nações organizadas da Europa e do Oriente se queixam da superlotação e da necessidade de colônias. Os clamores então se transportam igualmente para a América, que, se já sofria os funestos efeitos da inquietude do mundo, sentia-se na obrigação de salvaguardar os seus imensos patrimônios territoriais e as suas não menores possibilidades econômicas, contra possíveis avanços do imperialismo político e da pilhagem das grandes potências. As místicas nacionalistas são então exaltadas. Alguns artistas do pensamento se vendem à exibição e à falsa glória do Estado e, como D'Annunzio, abençoam os ventres maternos que tiveram a ventura de gerar um soldado para os massacres da pátria e exaltam o adolescente que encontrou numa ponta de baioneta o seu primeiro e último amor.

A verdade, porém, é que os esforços de todos os estudiosos do assunto não têm passado de um jogo deslumbrante de palavras.

Há muitos anos se fala que o mundo necessita de paz. Entretanto, talvez que a corrida armamentista de agora exceda a de 1914. Todos os países organizam as suas armadas, as suas frotas aéreas e os seus exércitos mecanizados, com todos os requisitos estratégicos, isto é, integrados no conhecimento de toda a tecnologia moderna e com a guerra química, na qualidade de complemento indispensável das atividades bélicas de cada nação.

Há muitos anos se fala da necessidade de um entendimento econômico entre todos os países. Cada vez mais, porém, complica-se a questão com as doutrinas do isolamento, com as barreiras alfandegárias, oriundas do nacionalismo de incompreensão, com a ausência formal de qualquer colaboração e com princípios absurdos que vão paralisando milhões de braços para o trabalho construtor, gerando a miséria, a desarmonia e a morte.

A cultura moderna sai a campo para pregar as necessidades dos tempos. Escritores, artistas, homens do pensamento, reformistas falam exaltadamente da regeneração esperada; condenam a sociedade, de cujos erros participam todos os dias, fazem a exposição das angústias da época, relacionam as suas necessidades, mas, se as criaturas bem-intencionadas lhes perguntam sobre a maneira mais fácil de socorrer o homem aflito dos tempos atuais, essas vozes se calam ou se tornam incompreensíveis, no domínio das sugestões duvidosas e das hipóteses inverossímeis.

É que o espírito humano está esgotado com todos os recursos das reformas exteriores. Para que a fórmula da felicidade não seja uma banalidade vulgar, é preciso que a criatura terrestre ouça aquela voz — "aprendei de mim que sou manso e humilde de coração".

Os reformadores e os políticos falarão inutilmente da transformação necessária, porque todas as modificações para o bem têm de começar no íntimo de cada um. É por essa razão que todos os apelos morrem, na atualidade, na boca dos seus expositores, como as vozes clamantes no deserto; ninguém os entende, porque quase todos se esqueceram da transformação de si mesmos, e é ainda por isso que, no frontispício social dos tempos modernos, no planeta terrestre, pesam os mais sombrios e sinistros vaticínios.

35
EDUCAÇÃO EVANGÉLICA

Todas as reformas sociais, necessárias em vossos tempos de indecisão espiritual, têm de processar-se sobre a base do Evangelho.

Como? — podereis objetar-nos. Pela educação, replicaremos.

O plano pedagógico que implica esse grandioso problema tem de partir ainda do simples para o complexo. Ele abrange atividades multiformes e imensas, mas não é impossível. Primeiramente, o trabalho de vulgarização deverá intensificar-se, lançando, por meio da palavra falada ou escrita do ensinamento, as diminutas raízes do futuro.

35.1 O RESULTADO DOS ERROS RELIGIOSOS

Toda essa multiplicidade de opiniões no campo filosófico-doutrinário, que vedes no Cristianismo, tem sua razão de ser.[10] As almas humanas se preparam para o bom caminho. A missão do Cristianismo na Terra não era a de mancomunar-se com as forças políticas que lhe desviassem a profunda significação espiritual para os homens. O Cristo não teria vindo ao mundo para instituir castas sacerdotais e nem impor dogmatismos absurdos. Sua ação dirigiu-se, justamente, para a necessidade de se remodelar a sociedade humana, eliminando-se os preconceitos religiosos, constituindo isso a causa da sua cruz e do seu martírio, sem se desviar, contudo, do terreno das profecias que o anunciavam.

Todas essas atividades bélicas, todas as lutas antifraternas no seio dos povos irmãos, quase a totalidade dos absurdos, que complicam a vida do homem, vieram da escravização da consciência ao conglomerado de preceitos dogmáticos das igrejas que se levantaram sobre a Doutrina do Divino Mestre, contrariando as suas bases, digladiando-se mutuamente, condenando-se umas às outras em nome de Deus.

Aliado ao Estado, o Cristianismo deturpou-se, perdendo as suas características divinas.

35. 2 FIM DE UM CICLO EVOLUTIVO

Sabemos todos que a Humanidade terrena atinge, atualmente, as cumeadas de um dos mais importantes ciclos evolutivos. Nessas transformações, há sempre necessidade do pensamento religioso para manter-se a espiritualidade

---

[10] N.E.: Período com nova redação, dada pelo autor espiritual, Emmanuel, em 14 de abril de 1985.

das criaturas em momentos tão críticos. À ideia cristã se encontrava afeto o trabalho de sustentar essa coesão dos sentimentos de confiança e de fé das criaturas humanas nos seus elevados destinos; todavia, encarcerada nas grades dos dogmas católico-romanos, a Doutrina de Jesus não poderia, de modo algum, amparar o espírito humano nessas dolorosas transições.

Todas as exterioridades da Igreja deixam nas almas atuais, sedentas de progresso, um vazio muito amargo.

35. 3 URGE REFORMAR

Foi justamente quando o Positivismo alcançava o absurdo da negação, com Auguste Comte, e o Catolicismo tocava às extravagâncias da afirmativa, com Pio IX proclamando a infalibilidade papal, que o Céu deixou cair à Terra a revelação abençoada dos túmulos. O Consolador Prometido pelo Mestre chegava no momento oportuno. Urge reformar, reconstruir, aproveitar o material ainda firme, para destruir os elementos apodrecidos na reorganização do edifício social. E é por isso que a nossa palavra bate insistentemente nas antigas teclas do Evangelho cristão, porquanto não existe outra fórmula que possa dirimir o conflito da vida atormentada dos homens. A atualidade requer a difusão dos seus divinos ensinamentos. Urge, sobretudo, a criação dos núcleos verdadeiramente evangélicos, de onde possa nascer a orientação cristã a ser mantida no lar, pela dedicação dos seus chefes. As escolas do lar são mais que precisas, em vossos tempos, para a formação do espírito que atravessará a noite de lutas que a vossa Terra está vivendo, em demanda da gloriosa luz do porvir.

35. 4 NECESSIDADE DA EDUCAÇÃO PURA E SIMPLES

Há necessidade de iniciar-se o esforço de regeneração em cada indivíduo, dentro do Evangelho, com a tarefa nem sempre amena da autoeducação. Evangelizado o indivíduo, evangeliza-se a família; regenerada esta, a sociedade estará a caminho de sua purificação, reabilitando-se simultaneamente a vida do mundo.

No capítulo da preparação da infância, não preconizamos a educação defeituosa de determinadas noções doutrinárias, mas facciosas, facilitando-se na alma infantil a eclosão de sectarismos prejudiciais e incentivando o espírito de separatividade, e não concordamos com a educação ministrada absolutamente nos moldes desse materialismo demolidor, que não vê no homem senão um complexo celular, onde as glândulas, com as suas secreções, criam uma personalidade fictícia e transitória. Não são os sucos e os hormônios, na sua mistura adequada nos laboratórios internos do organismo, que fazem a luz do Espírito imortal. Ao contrário dessa visão audaciosa dos cientistas, são os fluidos, imponderáveis e invisíveis, atributos da individualidade que preexiste ao corpo e a ele sobrevive, que dirigem todos os fenômenos orgânicos que os utopistas da Biologia tentam em vão solucionar, com a eliminação da influência espiritual. Todas as câmaras misteriosas desse admirável aparelho, que é o mecanismo orgânico do homem, estão repletas de uma luz invisível para os olhos mortais.

35. 5 FORMAÇÃO DA MENTALIDADE CRISTÃ

As atividades pedagógicas do presente e do futuro terão de se caracterizar pela sua feição evangélica e espírita, se quiserem colaborar no grandioso edifício do progresso humano.

Os estudiosos do materialismo não sabem que todos os seus estudos se baseiam na transição e na morte. Todas as realidades da vida se conservam inapreensíveis às suas faculdades sensoriais. Suas análises objetivam somente a carne perecível. O corpo que estudam, a célula que examinam, o corpo químico submetido à sua crítica minuciosa são acidentais e passageiros. Os materiais humanos postos sob os seus olhos pertencem ao domínio das transformações, através do suposto aniquilamento. Como poderá, pois, esse movimento de extravagância do espírito humano presidir à formação da mentalidade geral que o futuro requer, para a consecução dos seus projetos grandiosos de fraternidade e de paz? A intelectualidade acadêmica está fechada no círculo da opinião dos catedráticos, como a ideia religiosa está presa no cárcere dos dogmas absurdos.

Os continuadores do Cristo, nos tempos modernos, terão de marchar contra esses gigantes, com a liberdade dos seus atos e das suas ideias.

Por enquanto, todo o nosso trabalho objetiva a formação da mentalidade cristã, por excelência, mentalidade purificada, livre dos preceitos e preconceitos que impedem a marcha da Humanidade. Formadas essas correntes de pensadores esclarecidos do Evangelho, entraremos, então, no ataque às obras. Os jornais educativos, as estações radiofônicas, os centros de estudo, os clubes do pensamento evangélico, as assembleias da palavra, o filme que ensina e moraliza, tudo à base do sentimento cristão, não constituem uma utopia dos nossos corações. Essas obras que hoje surgem, vacilantes e indecisas no seio da sociedade moderna, experimentando quase sempre um fracasso temporário, indicam que a mentalidade evangélica não se acha ainda edificada. A andaimaria, porém, aí está, esperando o momento final da grandiosa construção.

Toda a tarefa, no momento, é formar o espírito genuinamente cristão; terminado esse trabalho, os homens terão atingido o dia luminoso da paz universal e da concórdia de todos os corações.

36
AOS TRABALHADORES DA VERDADE

Nos tempos atuais, todo o trabalho de quantos se devotam à disseminação das teorias espíritas deve ser o de colaboração com os estudiosos da verdade. Não é o desejo de proselitismo ou de publicidade que os deve animar, porém, a boa vontade em cooperar com os seus atos, palavras e pensamentos, a favor da grande causa.

Todos nós objetivamos, com a nossa árdua tarefa, ampliar o conhecimento humano, com respeito às realidades espirituais que constituem a vida em si mesma, a fim de que se organize o ambiente favorável ao estabelecimento da verdadeira solidariedade entre os homens.

36.1 A FENOMENOLOGIA ESPÍRITA

A fenomenologia, nos domínios do psiquismo, em vosso século, visa ao ensinamento, à formação da profunda consciência espiritual da Humanidade, constituindo, desse modo, um curso propedêutico para as grandes lições do porvir. É por essa razão que necessitamos de operar ativamente para que a Ciência descubra, nos próprios planos físicos, as afirmações de espiritualidade.

Pode parecer que o materialismo separou para sempre a Ciência da fé; isso, porém, não aconteceu, e o nosso trabalho de agora simboliza o esforço para que os investigadores cheguem a compreender o que o Céu tem revelado em todos os tempos.

36. 2 A PSICOLOGIA E A *MENS SANA*

A Psicologia antiga pecava extremamente pela insuficiência dos seus métodos. O ser pensante achava-se, para ela, isolado do corpo, estudando assim os seus fenômenos introspectivos de maneira deficiente e imperfeita.

A Psicologia moderna vai mais longe. A sua metodologia avançada estuda racionalmente todos os problemas da personalidade humana, unindo os elementos materiais e espirituais, resolvendo uma das grandes questões dos cientistas de antanho.

O corpo nada mais é que o instrumento passivo da alma, e da sua condição perfeita depende a perfeita exteriorização das faculdades do Espírito. Da cessação da atividade deste ou daquele centro orgânico, resulta o término da manifestação que lhe é correspondente: daí provém toda a verdade da *mens sana* e o grande subsídio que a Psicologia moderna fornece aos fisiologistas como guia esclarecedor da patogenia.

O corpo não está separado da alma; é a sua representação. As suas células são organizadas segundo as disposições perispiríticas dos indivíduos, e o organismo doente retrata um Espírito enfermo. A patologia está orientada por elementos sutis, de ordem espiritual.

36. 3 O PROGRESSO ANÍMICO

Os porquês da evolução anímica devem impressionar a quantos se consagram ao estudo. Os progressos da vida terrestre podem ser verificados pelos geólogos, pelos antropologistas. Há no planeta toda uma escala grandiosa de ascensão. No fundo de vossos oceanos ainda existem os infusórios, os organismos unicelulares, que remontam a um passado multimilenário e cujo aparecimento é contemporâneo dos princípios da vida organizada do orbe.

36. 4 A TRAJETÓRIA DAS ALMAS

Que longa tem sido a trajetória das almas!...

A origem do princípio anímico perde-se dentro de uma noite de labirintos; tudo, porém, dentro do dinamismo do universo, se encadeia numa ordem equânime e absoluta.

Da irritabilidade à sensação, da sensação à percepção, da percepção ao raciocínio, quantas distâncias preenchidas de lutas, dores e sofrimentos!... Todavia, desses combates necessários promana o cabedal de experiências do Espírito em sua evolução gloriosa. A racionalidade do homem é a suprema expressão do progresso anímico que a Terra lhe pode prodigalizar; ela simboliza uma auréola de poder e de liberdade que aumenta naturalmente os seus deveres e responsabilidades. A conquista do livre-arbítrio compreende as mais nobres obrigações.

Chegado a esse ponto, o homem se encontra no limiar da existência em outras esferas, onde a matéria rarefeita oferece novas modalidades de vida, em outras mais sublimes manifestações, as quais escapam naturalmente à insuficiência dos vossos sentidos.

36. 5 AS REALIDADES DO FUTURO

Os Espíritos se regozijam a cada novo passo de progresso da Ciência humana, porque dos seus labores, das suas dedicações, brotará o conhecimento superior, que felicitará os núcleos de criaturas, porquanto ficará patente, plenamente evidenciada, a grande missão do Espírito como elemento criador, organizador e conservador de todos os fenômenos que regulam a vida material.

Quanto mais avançam os cientistas, mais se convencem das realidades de ordem subjetiva, nos fenômenos universais.

As palavras *natureza*, *fatalismo*, *tônus vital* não bastam para elucidar a alma humana, quanto aos enigmas da sua existência: faz-se mister a intervenção das sínteses espirituais, reveladoras das mais elevadas verdades.

É para essas grandiosas afirmações que trabalhamos em comum, e esse desiderato constituirá a luminosa coroa da Ciência do porvir.

Índice geral[11]

A

Abnegação
 mediunidade – 11

Afeganistão
 renovação geral – 19.1

Agostinho
 Ambrósio, bispo de Milão – 3.3
 primazia dos bispos
  Romanos – 3.3

Além
 Lei das Afinidades – 12.3
 vida – 12.3

Alemanha
 guerra – 19.2
 Igreja nacionalizada – 9.2

Alfa do Universo
 hipóteses plausíveis – 17.1

Alma
 adversidades – 5.4
 atributo da * valorosa – 23.4
 auréola de eternidade
  gloriosa – 1.4
 batismo de purificação – 18.1
 caminhos da prova – 1.4

Ciência, Religião e
  esclarecimento – 27.3
 combinação de vinda
  coletiva – 31.3
 consciência fragmentária – 32.3
 criação da * e Tomás de
  Aquino – 17
 cultivo da consoladora
  crença pura – 30.3
 destino traçado – 32.4
 escopo das atividades – 30.3
 estatuto da verdade – 30.3
 fé – 1.4
 fenômenos introspectivos
  – 14.3
 humildade – 1.3
 imortalidade – 4.6; 15; 15.5
 imperfeição – 1.4
 lembranças – 14.3
 luta e * estacionária – 5.1; 5.4
 memória obscurecida – 32.3
 nova virgindade – 14.2
 Orígenes – 17
 perfeição infinita – 5.1
 perigo da carnificina e
  * humana – 19
 preexistência – 17
 preparação para o bom
  caminho – 35.1

---

[11] N.E.: Os números arábicos remetem aos capítulos. Utilizaram-se as abreviaturas expl. e tar. para os títulos "Explicando" e "A tarefa dos guias espirituais", respectivamente.

Índice geral

problemas educativos da
  * do homem – 4.2
Psicologia moderna – 24.7
puerilidades da vida – 1.2
regresso à eterna pátria – 12
renascimento – 14.1
representação da * e corpo
  orgânico – 36.2
sofrimento – 18.1
trajetória – 36.4
unicidade – 17
vibrações da * consciente – 22

Ambrósio, bispo de Milão
Agostinho – 3.3
Teodósio, o grande – 3.3

América
avanços do imperialismo – 34

América do Sul
evolução dos códigos
  políticos – 10.1
interesses inferiores da
  Igreja de Roma – 10
santos do Vaticano – 9.4
Vaticano – 10.1

Amor
conceito – 1.4
Lei de * e éter universal – tar.
vida integral – 32.5

Animal
afetos – 17.3
faculdades intelectuais –17.3
homem – tar. indagações de
  Charles Darwin – 17.3
indagações de Gratiolet – 17.3
inteligência rudimentar – 17.3
Leis de Amor – 17.2
linguagem – 17.3
parente próximo – 17,2; 17.3

Antiguidade
imortalidade – 15.1
metempsicose dos
  egípcios – 17.4
multiplicidade dos sóis – 16

Antropologista
progressos da vida
  terrestre – 36.3

Aquino, Tomás
criação da alma – 17

Ásia
elemento de energia
  potencial – 19.3

Astronomia
mundos inabitados – 16.2

Atavismo psicológico
inaceitabilidade – 24.3

Ateísmo
abusos dogmáticos – 13
objetivo – 15
princípios religiosos – 13.3

Atividade pedagógica
característica evangélica
  espírita – 35.5

Austrália
possibilidades infinitas – 19.1

Azaña
Stalin – 9.2

B

Baal
crueldades longínquas – 2

Babilônia
pó dos tempos – 4.6

Índice geral

Baltasar, festim
   palavras fatídicas – 19.4, nota

Basílio de Cesareia
   culto aos santos – 3.3

Bem-aventurança
   paz – 12.4

Biologia
   eliminação da influência espiritual – 35.4

Bispo romano
   Agostinho – 3.3
   primazia – 3.3
   verdadeiro Cristianismo – 10.2

Blum, Léon
   Stalin – 9.2

Boa-Nova
   imortalidade – 11.1
   Jesus – 2.4

Bonifácio
   bispo universal – 3.3
   imperador Focas – 3.3

Brahma
   dogma da trindade – 3.4

Brasil
   interesses inferiores da Igreja de Roma – 10

Budismo
   Índia – 2.1

C

Câncer
   progressos regulares – 23.2

Canonização
   custo – 9.4

Caráter
   formação – 4.2

Carne
   bem-estar que a * oferece – 31.1
   gozo reiterado e * passageira – 32.1
   organização – 26.3

Catolicismo
   deturpação das lições do Evangelho – 3
   Doutrina infalível – 3.4
   infalibilidade papal – 35.3
   instrução sobre o * e Emmanuel, Espírito – 3
   mística fascista – 9.2
   perda do objetivo – 3.4
   posse do Estado – 9.2
   retrato do farisaísmo – 10.2

Celta, povo
   espiritualidade – 15,4

Célula
   coesão – 24.4
   nutrição – 24.4
   organização perispirítica – 36.2
   renovação – 24.6

Cérebro
   laboratório – 24.6

César
   amizade de * e Igreja Romana – 10.2

China
   população – 20.2
   tradições – 34
   revoluções internas – 19.1

Índice geral

Ciência
    animosidade entre * e
        Religião – 4
    ateísmo – 13.1
    caminho para Deus – 26.2
    Charles Darwin e apego
        à * terrena – 17.2
    conhecimento de Deus – 13.1
    contradições – 4.3
    criação da academia – 27.3
    demonstrações
        histológicas – 13.3
    descoberta do mundo
        microbiano – 26.2
    elétron e * terrestre – 22
    estudo das vibrações – 33.3
    fenomenologia mediúnica – 14
    indivisibilidade atômica – 13.1
    matéria-padrão – 13.1
    realidades positivas – 13
    revelação do Infinito – 26.2
    separação da * da fé – 36.1
    separação, guerra,
        descrença – 27.3
    verdade – 13.1

Ciência espírita
    incógnitas – 11.5

Ciência psíquica
    fatores morais – 13.2
    investigação – 13.2

Cisma de Ário
    primeiro concílio de Niceia – 3.3

Civilização
    aspectos sociais da *
        moderna – 19
    causas da crise da * ocidental – 21
    crise – 21.1; 21.3; 21.4
    Cristianismo e * europeia – 18
    decadência da * ocidental – 19
    grande oficina – 17
    impenitência da *
        moderna – 19.4
    nova concepção – 23.3
    progresso da * e princípio
        espiritual – 25
    sede do Cristo – 9.5
    sentimento religioso – 4.2
    suicídio da * ocidental – 19.4
    vícios da alimentação – 23.3

Civilização chinesa
    organização religiosa – 2.1

Clemente de Alexandria
    seguidores do Cristo – 3.2

Clero romano
    suntuosidade – 9.1, nota

Código humano
    documento transitório – 20.3
    Evangelho de Jesus – 20.3

Coliseu de Vespasiano
    ruínas – 19.4

Comunicação
    processo de * mediúnica – 29.2
    requisitos para *
        mediúnica – 29.2
    teledinamismo poderoso – 29.1

Comunismo
    extinção do instituto
        da família – 6.1

Confessionário
    calvário social da mulher – 8.2
    crimes – 8.3
    mulher, vítima – 8.2
    reforma – 8.3

Índice geral

Confissão auricular
   aberração – 8.2
   costume nocivo – 8.4
   depravação moral – 8.4
   Emmanuel, Espírito – 8
   Igreja Católica – 8

Confúcio
   mensageiro de sabedoria – 2.2
   véus misteriosos dos
     símbolos – 2.2

Congresso eucarístico
   Argentina – 9
   Brasil – 9
   indústria da cruz – 9.5
   megalomania do Império
     Romano – 9

Consciência
   alma e * fragmentária – 32.3
   conceito – 32.5
   consciência espiritual – 14.2
   embrião – 15.2
   forças perversoras da *
     humana – 20.1
   glorificação imortal – 12.5
   Igreja Romana e escravização
     da * humana – 10
   luz e * limitada – 32
   nascimento da ideia da
     verdade – 15.2

Consciência espiritual
   consciência – 14.2

Consolador
   chegada do * Prometido – 35.3
   obstáculos para propagação – 27

Consolador, O, livro
   Emmanuel, Espírito – 6.4, nota

Comte, Auguste
   Positivismo – 35.3

Corpo orgânico
   alimentação do * humano – 23.4
   conceito – 36.2
   preexistência ao * e fluidos – 35.4
   representação da alma – 36.2

Corpo espiritual *ver* Perispírito

Criador *ver* Deus

Crise
   trabalhos intelectuais – 5

Cristão
   perseguição de Diocleciano – 3.2
   perseguição de Nero – 3.2

Cristianismo
   bispo romano – 3.4; 10.2
   concílio ecumênico de
     Niceia – 6.3
   deturpação – 35.1
   Europa e * deturpado – 19.3
   evolução do * e povos
     europeus – 18
   formador das novas
     gerações – 6.2
   história – 3.2
   história do papado – 3.4
   inovações – 3.4
   intangibilidade de fé – 18.2
   missão – 35.1
   mitologia grega – 18
   multiplicidade de opiniões
     – 35.1, nota
   novo ciclo de progresso
     espiritual – 26.1
   pedagogista – 6.2
   psicólogo – 6.2
   renovação das concepções

Índice geral

    de Deus – 26.1
    revivescência – 6.4, nota
    rótulo de * e sociedade – 18.4
    verdadeiro * e bispos
      romanos – 10.2

Cristo *ver também* Jesus
    cruz, martírio – 35.1
    objetivo da vinda do *
      à Terra – 35.1
    teologia do Catolicismo – 9.5

Crucificado *ver* Jesus

Cruz
    indústria da * e congresso
      eucarístico – 9.5

Cultura
    regeneração e * moderna – 34
    vozes caladas e * moderna – 34

Cura
    novos métodos – 23.1

D

D'Annunzio
    benção dos ventres
      maternos – 34

Darwin, Charles
    apego à Ciência terrena – 17.2
    faculdades intelectuais
      do animal – 17.3

Decálogo
    Moisés – 2.3
    Religião da Justiça e do
      Direito – 2.3

Desarmamento
    sonhos de * geral – 21.2

Deserto
    vozes clamantes – 34

Destino
    reconstrução – 14.2

Destruição
    povos, movimentos bélicos – 19.3

Determinismo
    futuro – 33.1

Deus
    auxílio – expl. caminho para
      * e Ciência – 26.2
    antropomorfismo – 15.3
    Amor de * e Jesus – 2,4
    adoração – 13.4
    crença firme e consoladora – 13.4
    concepção de um * terrível – 15.5
    doutrinas religiosas – 15.3
    educação – 4.1
    fé, Ciência – 4.2
    fluidos misteriosos – tar.
      fonte suprema de todas
      as forças – 22
    justiça – 4.6
    misericórdia – 19.4, nota
    modificação dos conceitos – 17.2
    perdão de * e encarnação – 5.5
    raças bárbaras – 15.2
    renovação das concepções de
      * e Cristianismo – 26.1

Devotamento
    hábito da prática – 30.4

Diocleciano
    perseguições aos cristãos – 3.2

Direito
    concepção do * e da
      liberdade – 6.4

Índice geral

Ditado mediúnico
vulgaridade – 28.4

Ditadura
função – 20.2

Divino inspirado da Úmbria
Francisco de Assis – 3.4; 6.3

Dogma
fim – 9.5

Dogma da trindade
Trimúrti da Antiguidade
oriental – 3.4

Domremy
França e altar da
heroína – 9.4

Dor
aurora de ventura
imortal – 1.4
consequência – 18.1
médiuns e * expiatória – 11.6
obstáculo – 18.1

Doutrina Católico-Romana
nascimento – 18

Doutrina de Jesus
culto dos santos – 3.4
implantação – 3.3
reformas – 3.4
Doutrina dos Espíritos
ver também
Espiritismo
bandeira da paz – 31
espírito da * e
superficialidades – 1
sofrimento – 1

Doutrina Espírita *ver também*
Espiritismo

fenômenos mediúnicos – 14
síntese de fraternidade e
de amor – 26.4

Doutrina religiosa
abusos do homem – 8
reencarnação – 17

E

Educação
Deus – 4.1
moral religiosa – 4.2
preconização da * pela
inteligência – 4.2

Egito
culto dos mortos – 2.1; 15.4
metempsicose – 17.4

Eiffel, torre
recordações – 19.4

Elétron
conceito – 22

Embrião
consciência – 15.2

Embriologista
fenômeno assimilatório das
criações orgânicas – 24.1

Emmanuel, Espírito
amigo invisível – expl.
assistência, dedicação – expl.
ataque às obras do sentimento
cristão – 35.5
colaboração – tar.
confissão auricular – 8
Consolador, O, livro – 6.4, nota
Francisco Cândido Xavier – expl.
formação da mentalidade
cristã – 35.5

Índice geral

guia espiritual – expl.
identificação – expl.
instrução sobre o
   Catolicismo – 3
manifestação ostensiva – 26
mediunidade
   generalizada – 7
padre católico – 7.5
palavra de * e Evangelho
   cristão – 35.3
passado longínquo – expl.
produção – expl.
promessa – expl.
propósito – 6.4
Publius Lentulus – expl.
sentimento afetivo – expl.
virtude – expl.
visibilidade – expl.

Encarnação
   conceito – 5.5
   perdão de Deus – 5.5

Energia espiritual
   desenvolvimento – 7.4

Enviado *ver* Jesus

Escola do lar
   formação do espírito – 35.4

Espaço
   incógnitas – tar.
   registro dos recônditos
      pensamentos – 30.3

Espaço-tempo
   relações fundamentais – 33.2

Espanha
   agricultura – 20.2
   catecismo romano – 6.3
   provações coletivas – 20.2

Esperança
   afastamento da * numa
      outra vida – 4.1

Espírita
   colaboração com os estudiosos
      da verdade – 36
   proselitismo – 36

Espiritismo
   antídoto para as crises – 30.2
   boa-nova da
      imortalidade – 31.4
   compreensão das lições – 31.4
   Consolador prometido
      pelo Cristo – 31.4
   coração, raciocínio – 26.2
   difusão – expl. existências
      amarguradas e aflitas – 1.2
   fé, Ciência e esponsais
      do porvir – 28
   missão – 31.4
   motivos de entrave – 28
   perspectiva da vida
      universal – 26.3
   religião da verdade – 26.3

Espírito benigno
   elites espirituais – 28.3

Espírito da Verdade
   voz – 12.5

Espírito desencarnado
   aprimoramento moral – 30.1
   compreensão da
      linguagem – 30.1
   condições para
      manifestação – 28.2
   edificação dos transviados – 30.2
   estrada da regeneração – 30.2
   exortações evangélicas – 30.2
   hipóteses – 17.1

Índice geral

identificação com a
   matéria – 30.1
plenitude das faculdades
   readquiridas – 28.2
poderes absolutos – 1.2
primeiro dia – 5.2
primeiros dias da vida além do
   túmulo – 30.1
sacrifício – 7.3
segredos divinos – tar.

Espírito esclarecido
   guerras – 1.2

Espírito ingrato
   guias, condutores – 12.2

Espírito oprimido
   pescadores humildes – 3.2

Espírito Superior
   vontade potente e criadora – 29.3

Espírito(s)
   agrilhoamento à matéria – 12.3
   alquimista – 24.6
   amantes do ouro – 12.2
   apego a tudo quanto seja
      carnal – 31.1
   apego às alegrias
      mentirosas – 12.2
   após a morte do corpo – 30
   aprimoramento do * e
      Evangelho do Cristo – 2.4
   cérebro espiritual – 14.1
   compreensão – 5.1
   comunicação direta – 7.1
   condições para escolha da
      provação – 32.2
   contemplação do pretérito – 12.2
   criação – 17
   cristianização – 21.1
   diminuição do estado
      vibratório – 14.2
   escalada – 5.5
   estrada ascensional do
      progresso – 27.1
   exercício da mediunidade – 32.3
   experiências do * e princípio
      anímico – 36.4
   felicidade – 7.3
   formação do * e escola
      do lar – 35.4
   fruto dos labores – 25.5
   inexistência do * e
      demonstrações
      histológicas – 13.3
   influência – 7.2
   influência do * sobre a
      matéria – 25
   limiar do túmulo – 12
   missão – 36.5
   noções do dever – 31
   obra da evolução terrena – 25.3
   pavor da morte – 31.1
   paz do último dia – 12
   plano puro do * e matéria – 22
   realidade imutável da
      existência – 4.6
   redenção das almas – 7.2
   reformas exteriores e *
      humano – 34
   retorno à Terra – tar.
   retrogradação – 17.4
   sacrifícios – 7.2
   veneração da posteridade – 27.1
   vozes – 28

Espírito-matéria
   concepção unitária do
      Universo – 33.3

Espiritualidade
   explicações racionais – 3
   povo celta – 15.4

Índice geral

Espiritualismo
confiança na influência – 13.3
difusão – 15.5

Esquecimento
conceito – 14.2
necessidade – 14.2

Estado totalitário
Igreja Católica – 10.2, nota

Eternidade
Espírito, consciência – 32.5

Europa
América – 19.3
Ásia – 19.3
cérebro da civilização
  ocidental – 19
concentrações católicas – 9.3
condenação à guerra – 18.3
Cristianismo
  deturpado – 19.3
decadência intelectual – 20
elementos vitais da
  evolução – 19
Igreja Católica – 9.2
instituto genebrino – 18.2
militarismo – 19.2
movimento de unificação
  e de paz – 18.2
movimentos armados – 21.1
organismo social da *
  moderna – 19
paz internacional – 19
paz vilipendiada – 19.2
perigos da guerra – 19
períodos de ressurreição
  espiritual – 31.3
superlotação – 34
Tratado de Versalhes – 18.2
unidade espiritual – 18.2

Evangelho
criação da verdadeira
  cristandade – 18.4
deturpação das lições do *
  e Catolicismo – 3
deturpação do * pelo
  homem – 8.4
esforço de regeneração do
  indivíduo – 35.4
estudo e prática – 6
influência – tar. Lei Mosaica
  e * de Jesus – 2.3
lição de humildade e de amor –
  tar. oração, vigilância – 11.1
palavra de Emmanuel, Espírito,
  e * cristão – 35.3
pensadores esclarecidos – 35.5
reformas sociais – 35
restabelecimento do * e
  Vaticano – 3.4
sociedades à revelia – 18.4
vitória – 21.4

Evangelho do Cristo
aprimoramento do
  Espírito – 2.4
Código humano – 20.3
Humanidade – 2.5
resistência das trevas – 2.5
Sociologia – 6.1

Evangelização
reuniões – 30

Evolução
aspiração – 28.5
possibilidades de * e luta – 32.2
zênite da nossa * anímica – 24.8

Evolução anímica
porquês – 36.3
zênite – 24.8

Índice geral

Experiência
  compreensão – 5

F

Falibilidade humana
  contradições – 4.3

Família
  extinção do instituto da *
    e comunismo – 6.1
  formação do instituto – 4.2

Farisaísmo
  retrato do * e Catolicismo – 10.2

Fatalismo
  elucidação da alma
    humana – 36.5

Fé
  alma – 1.4
  aniquilamento – 4.1
  dogmas de * e Igreja
    Católica – 26.1
  dúvida e * raciocinada
    do futuro – 13
  propaganda – 3.3
  sangue dos mártires – 3.2
  separação da * da
    Ciência – 36.1
  surto novo – 9.5
  trevas persistentes – 11.5
  vacilação – 1

Felicidade
  argamassa da * e dores – 32.1
  fórmula – 34
  ocasional – 4.1
  problema – 6.4

Fenômeno da procriação
  afinidade sentimental – 24.3

Fenômeno da vida
  assimilação, desassimilação – 24

Fenômeno intelectual
  influência espiritual – 24.7
  neurologista – 24.7
  subconsciência – 14.1

Fenômeno mediúnico
  sugestão, telepatia – 29

Fenômeno orgânico
  administração do * e
    fluidos – 35.4
  causa do * tangível – 23.3

Fenomenologia
  Psiquismo – 36.1

Filosofia cristã
  ressurgimento – 3

Filosofia espiritualista
  difusão – expl. felicidade
    humana – 14

Física
  levitação, materialização – 14

Fisiologia
  absurdos da * dirigida – 23.3
  célula primitiva – 24.2
  levitação, materialização – 14

Fluido espiritual
  conceito – 22
  corrente de *, filha da alma – 22

Fluido material
  conceito – 22

Fluidos
  atributos da individualidade
    – 35.4
  correntes de elétrons – 22

Índice geral

Focas, imperador
  Bonifácio, bispo universal – 3.3

Fo-Hi
  ideia de Deus e das Leis
    Morais – 2.2
  Vedas – 2.2
  véus misteriosos dos
    símbolos – 2.2

França
  acordo entre a * e a Itália – 18.3
  altar da heroína de
    Domrémy – 9.4
  enunciação dos direitos
    do homem – 19.4
  época napoleônica – 20.1
  programas de defesa – 19.2
  união pseudocomunista
    de Stalin – 19.3

Francisco de Assis
  divino inspirado da
    Úmbria – 3.4
  missão sacrossanta – 6.3
  Fraternidade homem – 20.3
  prática da * verdadeira – 20.3

Futuro
  determinismo, livre-
    arbítrio – 33.1
  fé raciocinada – 13
  paz, felicidade – 12.1

G

Gandhi
  projeção universal – 19.1

Gautama
  ideia de Deus e das Leis
    Morais – 2.2
  mensageiro de sabedoria – 2.2
  véus misteriosos dos
    símbolos – 2.2

Gêmula
  teoria darwiniana – 24.3

Gênio
  consoladoras verdades e
    * do Espaço – 6.4
  esforços individuais – 5.3

Geólogo
  progressos da vida
    terrestre – 36.3

Germens
  desenvolvimento ao infinito – 5.2

Grã-Bretanha
  espiritualidade – 19.3
  guerra – 19.3
  política de conciliação – 19.3

Grande Guerra
  grandes pensadores – 20.1

Grandeza Divina
  afirmação – 16.4

Gratiolet
  faculdades intelectuais
    do animal – 17.3

Grécia
  simbologia mitológica – 2.1

Guerra
  Alemanha – 19.2
  Comunismo, Fascismo – 21.3
  Europa – 18.3
  fatalismo da * na Terra – 20
  Grã-Bretanha – 19.3
  Itália – 19.2
  perigos – 19
  Velho Mundo – 19

Índice geral

H

Hanseníase
   progressos regulares – 23.2
Hélade, antiga
   períodos de ressurreição
      espiritual – 31.3
Hereditariedade
   aceitação da * fisiológica – 24.3
   perispírito – 24.3
Hermes
   ideia de Deus e das Leis
      Morais – 2.2
   mensageiro de sabedoria – 2.2
   véus misteriosos dos
      símbolos – 2.2
História
   períodos de ressurreição
      espiritual – 31.3
Homem(ns)
   alargamento das capacidades
      espirituais – 7.4
   amor – tar. antropopitecos – 2
   aspirações de progresso – 16.1
   atributos – 5.3
   banquete espiritual – 12.5
   característicos irrepreensíveis
      – 17.2
   complexo celular – 35.4
   concepção antropomórfica
      de Deus – 15.3
   crença – 1.3
   descrença, egoísmo – 12.5
   desvios, excessos – tar.; 12.5
   deturpação do Evangelho – 8.4
   dever do *, e trabalho – 16.3
   dia luminoso da paz
      universal – 35.5
   embevecimento – tar.
   espírito de criticismo – 12.5
   evolução moral
      e intelectual do *
      terreno – 31.2
   exemplo das almas
      nobres – 12.5
   faculdades intuitivas – 7.4
   fardo demasiado – 32
   fatalidade da morte – tar.
   felicidade imorredoura – tar.
   fraternidade – 20.3
   guias invisíveis – tar.
   imposição arbitrária e
      despótica – 19.4
   insuficiência sensorial – 25.2
   liberdade aos impulsos
      naturais – 4.2
   limites – 33.3
   mapa das lutas e dos
      serviços – 32.4
   mistérios do ser e do
      destino – 25.1
   necessidade da luta – 1.3
   noções religiosas – 4.1
   orgulho – 25.1
   pobreza intelectual – 20.1
   prazeres do mundo – 31.1
   primeiros sacrifícios
      de sangue – 2
   problemas educativos
      da alma – 4.2
   progresso moral – 16.3; 28.5
   racionalidade – 2; 36.4
   segredos do microcosmo – 22
   Sermão da Montanha – 2.5
   solidariedade do * com
      animais – 17.4
   terapêutica natural – 23.3
   vida artificial – 16.1
   vida espiritual – tar.

Índice geral

Humanidade
Ciência, Religião – 4
cumeadas dos ciclos
  evolutivos – 35.2
Jesus e * terrena – 2
manifestações da vida
  celeste – 2.4
mensagens dos mentores – 28.3
novo ciclo – 21.4
Oriente, centro evolutivo – 19.1
pátrias do firmamento e
  * terrestre – 16.4
tendência religiosa – 15.2

I

Ideias
influência das * sobre
  as massas – 6.3

Igreja
adaptação da * e pagãos – 3.4
Doutrina de Jesus e *
  de Roma – 3.3
dogmatismo – 26.2
escolas públicas e * terrestre – 4.2
estagnação – 26.3
exterioridades da * e vazio
  amargo – 35.2
hegemonia da * de Roma – 3.3
história da * cristã – 3.2
infalibilidade papal – 3.4, nota
organização política – 3.4
primeiras reformas – 3.3
pureza, simplicidade – 3.3

Igreja Católica
afastamento da * da mensagem
  de Jesus – 9.1, nota
caráter de divindade – 10.2
confissão auricular – 8
confissão pública – 8.1
defecção espiritual – 21.4
deturpações – 3.4; nota
dogmas de fé – 26.1
Estado totalitário – 10.2, nota
Europa – 9.2
falência histórica – 6.3, nota
falha aos compromissos
  sagrados – 6.3
falsa posição – 9.5
interesses dos povos – 9.5
luta religiosa – 26.1
manutenção – 18.1
missão – 9.2
vítimas – 9.2, nota

Igreja Romana
América do Sul – 9
amizade de César – 10.2
desvios lamentáveis – 18.2
escravização das consciências
  humanas – 10
Europa moderna – 9.2
influência no passado – 9.1
interesses inferiores – 10
movimentos condenáveis – 9.1
sagração do chefe do
  Estado – 10.1
saudades do Santo Ofício – 10
transformação – 9.5

Imortalidade
alma – 4.6; 15; 15.5
aniquilamento da ideia – 15
Antiguidade – 15.1
Boa-Nova – 11.1
deveres de solidariedade – 26.4
difusão – 15.5
ideia congênita no homem – 15.1
incontestabilidade – 6.4
patrimônio da alma
  encarnada – 15
provas – 30.4

Índice geral

religiões – 15.5
veiculação da palavra – 3

Império babilônico
   queda – 19.4

Império britânico
   recordação dos domínios e
     das conquistas – 19.4

Infância
   preparação – 35.4

Índia
   Budismo – 2.1
   exemplos e doutrinas
     regeneradoras – 19.1

Indiferença
   consequências – 5.1

Individualidade
   atributos da * e fluidos – 35.4

Infalibilidade papal
   Catolicismo – 35.3
   declaração – 3.3
   Igreja Católica – 3.4; nota

Inglaterra
   missão colonizadora – 19.2

Instituto genebrino
   Europa – 18.2

Itália
   acordo entre a * e a França – 18.3
   guerra – 19.2
   lembrança melancólica
     das lutas – 19.4

J

Japão
   alimentação do povo – 20.2
   movimento de organização – 19.1
   pacto de colaboração com
     o Ocidente – 34

Jesus
   Amor de Deus – 2.4
   Boa-Nova – 2.4
   desconhecimento – 2.5
   desenvolvimento da
     Humanidade terrena – 2
   Divino Inspirador – 2
   Evangelho de * e
     Humanidade – 2.5
   Evangelho de * e Lei
     Mosaica – 2.3
   Evangelho de * e resistência
     das trevas – 2.5
   formação do orbe – 2
   João, Evangelho – 2
   nascimento – 2.4
   palavra de * e deturpação
     – 6.3; nota
   perfeição – 2
   seguidores de * e Clemente
     de Alexandria – 3.2
   seguidores de * e Orígenes – 3.2
   seguidores de * e Tertuliano – 3.2
   teologia do Catolicismo – 9.5
   vitória na luta – 6.4

João, Evangelho
   Jesus – 2

Justiça
   integridade, misericórdia – 4.6

L

Lar
   cristianização – 13.4

Leão X, papa
   Livro das taxas – 10

Índice geral

Leão XIII, papa
Rerum novarum – 9.5

Lei cósmica
Leis Divinas – 7.1

Lei da Liberdade
da Consciência
necessidade da luta e do
aprendizado – 5.2

Lei de Amor
animal – 17.2
éter universal – tar.

Lei de Jesus
predomínio – 9.5

Lei de Justiça
desequilíbrio na Terra – 16.4

Lei de Solidariedade
interpenetração de planos – 28.5

Lei Divina
leis cósmicas – 7.1

Lei imigratória
análise – 20.3

Lei Moral
prevalência da * no mundo
espiritual – 24.3

Lei Mosaica
Evangelho de Jesus – 2.3

Lei Natural
fatos mediúnicos – 7.1

Lentulus, Publius
Emmanuel, Espírito – expl.

Liberdade
concepção da * e do direito – 6.4

Liga das Nações
inaplicabilidade do
estatuto – 18.2

Livre-arbítrio
conquista – 36.4
futuro – 33.1

Livre-arbítrio relativo – 1.2

Livro das taxas
Leão X, papa – 10

Locarno
acordos de *, fenômeno
diplomático – 19.2

Luta
abatimento – 1
alma – 5.1; 5.4
desprezo – 5.1
êxito na conquista da vida – 32.5
lei purificadora – 12.1
necessidade – 1.3
possibilidades de
evolução – 32.2
veículo do progresso e da
redenção – 1.1

M

Matéria
conceito – 25.5
modalidades de vida e *
rarefeita – 36.4
origem da * tangível – 22
plano puro do espírito – 22
quintessência – 22

Materialismo
carne perecível – 35.5
projetos de fraternidade
e de paz – 35.5

Índice geral

separação da Ciência
da fé – 36.1
transição, morte – 35.5

Matéria cósmica
teorias da vibração – 13.1

Matéria-padrão
Ciência – 13.1

Materialismo
perniciosidade – 13

Medicina
atenuação da miséria
humana – 22
febre do ouro e *
espiritual – 23.3
grandiosidade espiritual do
sacerdócio – 23.2
natural – 23.2

Medicina da Idade Média
processo de cura dos
egípcios – 23.1

Médico legista
animal, homem – 17.3

Médium(ns)
conceito – 11.2; 29.2
dor expiatória – 11.6
exemplo – 11.4; 11.5
existências – 11.3
identificação com o ideal
de Jesus – 11.4
reconquista da felicidade
perdida – 11.3
reparação de erros de
antanho – 11.4
responsabilidade – 11
santo sacerdócio – 11
tentações – 11.6

Mediunidade
renúncia, abnegação,
sacrifícios – 11

Mediunidade generalizada
mundo psíquico – 7

Mediunismo
Espiritismo, Animismo – 28.1
subconsciência – 14.1

Memória
chapa fotográfica – 24.6
perispírito – 24.5

Mensagem mediúnica
advertências morais – 28.1

Mercantilismo
esquecimento – 11.5

Mestre *ver* Jesus

Metempsicose
egípcios – 17.4

Mística fascista
Catolicismo – 9.2

Mistificação
alma dos médiuns – 28.1
emersões da subconsciência
– 28.1
problemas – 11.5

Moderno Espiritualismo
ver também
Espiritismo
claridades – 1.1
concepções avançadas – 1.1
talismãs, artes mágicas – 1.1

Moisés
acessibilidade às massas – 2.3

Índice geral

Decálogo – 2.3
legislação – 2.3
monoteísmo – 2.3
poderes espirituais – 2.3
protegido de Termutis – 2.3

Moléstia
humores – 23.1
modificação das partes sólidas
do organismo – 23.1
transmissibilidade – 24.3

Moral católica
falhas – 6.3

Morte
conceito – 1.2
demonstração da sobrevivência
além – 28.4
dúvidas – 4.6
expressão da * e vida
corporal – 24.1
fenômeno da * e homem – 24
inexistência – 4.6
mistérios da * e vida
oriental – 15.4
perspectiva do nada – 12.5
primeiros pensamentos
da alma – 7.1
remanso de tranquilidade e
de esperança – 12.1
silêncio – 1.4

Movimento bélico
povos, destruição – 19.3

Movimento de unificação
e de paz
Europa – 18.2

Mulher
confessionário, calvário
social – 8.2

sacramento da penitência – 8.2
vítima do confessionário – 8.2

Mundo(s)
alteração da carta geográfica do *
europeu – 21.2
Astronomia – 16.2
comunhão dos * físico e
invisível – 28.2
desenvolvimento das ideias
espiritualistas – 17
escolas filosóficas e *
habitados – 16
estudiosos e * aparente
das formas – 23.2
fase evolutiva – 20.1
instrumentos de ótica e *
inabitados – 16.2
telescópios e * habitados – 16
união dos * físico e
espiritual – 29.3

Mundo Espiritual
certificação das sublimes
verdades – 7.4
condições para
conhecimento – 7.4
correntes fluídicas – 22
matéria imponderável – 5.2
prevalência da Lei Moral – 24.3

Mundo feliz
planeta terreno – tar.

Mundo Invisível *ver*
Mundo Espiritual

N

Natureza
elucidação da alma
humana – 36.5

Índice geral

Nazianzeno, Gregório
culto aos santos – 3.3

Nero
perseguições aos cristãos – 3.2

Neurologista
fenômenos intelectuais – 24.7

Neurônio
função – 14.2

Niceia, concílio ecumênico
cisma de Ário – 3.3
Cristianismo – 6.3
primeiro – 3.3

Nova Zelândia
possibilidades infinitas – 19.1

Nutrição
fenômeno de * e perquirição
científica – 24.4

O

Ocidente
pacto de colaboração com
o * e Japão – 34
trabalho de militarização – 21.2

Onda eletrônica
filha da energia solar – 22

Organismo etéreo *ver* Perispírito

Organismo fluídico
ver Perispírito

Organismo humano
luz invisível – 35.4

Oriente
centro evolutivo da
Humanidade – 19.1

ocidentalização – 19.3
superlotação – 34

Orígenes
preexistência da alma – 17
seguidores do Cristo – 3.2

P

Pacífico
costas do * e movimentos
comerciais – 19.1
vida nova – 19.1

Pacto Briand-Kellogg
esperança – 19.2

Pacto de Versalhes *ver
também* Tratado
de Versalhes Europa – 18.2

Padre
Emmanuel, Espírito, e
* católico – expl.
Livro das taxas e * católico – 10
paternidade – 8.2

Palavra
veiculação da * da
imortalidade – 3

Paré, Ambroise
desenvolvimento da
cirurgia – 23.2

Parnaso de além-túmulo, livro
Francisco Cândido
Xavier – expl.

Pascal
verdade reencarnacionista – 17

Paternidade
padre – 8.2

Índice geral

Patologia
orientação de ordem
espiritual – 36.2

Paz
armamentos – 18.3
bem-aventurança – 12.4
dia luminoso da *
universal – 35.5
Europa – 19; 19.2
expansionismo e *
internacional – 19.3
necessidade – 21.2; 34
problema – 6.4

Pensamento(s)
espaço, registro dos
recônditos – 30.3
ideoplasticidade – 29.3
manifestação – 24.6
necessidade do *
religioso – 35.2
vibração do perispírito – 24.6

Perfeição
grande princípio da
unidade – 33.4

Péricles
períodos de ressurreição
espiritual – 31.3

Perispírito
alma fisiológica – 24.7
célula orgânica – 36.2
evolução – 24.8
fecundação – 24.7
fenômenos endosmóticos – 24.2
função – 24.2; 24.4; 24.5; 24.6
hereditariedade – 24.3
ingresso em outras esferas – 11.6
objeções científicas – 24.3
santuário da memória – 24.5

Pio XI, papa
morte à míngua de trabalho – 9.4
Quadragesimo anno – 9.5

Pitágoras
ideia de Deus e das Leis
Morais – 2.2
mensageiro de sabedoria – 2.2
véus misteriosos dos
símbolos – 2.2

Plano da evolução
caráter – 5.2

Politeísmo
doutrinas antigas – 2.3
Vaticano – 3.4

Política
utilitarismo – 13.3

Política internacional
fenômenos revolucionários – 20.2

Polônia
possibilidade econômica – 20.2

Positivismo
Auguste Comte – 35.3

Povo
situação econômica – 5

Prece
cultivo – 1.3

Princípio anímico
experiências do Espírito – 36.4
origem – 36.4

Princípio espiritual
evolucionismo do * através
das espécies – 17.2
influência organizadora – 22
metamorfoses dos insetos – 25.4

mimetismo – 25.4
progresso das civilizações – 25

Princípio filosófico
destruição – 21

Princípio vital
conceito – 24.4

Progresso espiritual
encarnação de almas
esclarecidas – 31.2

Proselitismo
espírita – 36

Provação
convencimento da
existência – 32.5
escolha – 32; 32.2

Provação coletiva
fim – 9.5

Psicologia antiga
insuficiência dos
métodos – 36.2
problemas sérios da vida – 34

Psicologia moderna
alma – 24.7
levitação, materialização – 14
metodologia avançada – 36.2
subsídio da * aos
fisiologistas – 36.2

Psiquismo
fenomenologia – 36.1

Q

Quirinal
entendimento com o *
e Vaticano – 9.4

R

Raça bárbara
Deus – 15.2

Racionalidade
homem – 2; 36.4

Radioatividade
natureza – 22

Religião(ões)
animosidade entre * e Ciência – 4
conceitos – 4.5
criação da sacristia – 27.3
desvirtuamento do
progresso – 15.5
diferença entre * e religiões – 4.5
fator da moral social – 26.1
imortalidade – 15.5
instrução, consolo – 4.4
nascimento – 8
progresso, investigação – 15.5
separação, guerra,
descrença – 27.3
utilitarismo – 13.3

Religião da Justiça e do Direito
Decálogo – 2.3

Religião literalista
fantasias – 6.2

Renúncia
mediunidade – 11

Responsabilidade
trabalho – 5

Ressurreição espiritual
antiga Hélade – 31.3
Europa – 31.3
Péricles – 31.3
períodos da História – 31.3

Índice geral

Riqueza
desregramentos – 32.1

Roma
edificação – 3.1
esclarecimento dos
tutelados – 9.5
população – 3.1

Rússia soviética
Extremo Oriente – 19.1

S

Sacramento da penitência
mulher – 8.2

Sacerdote romano
movimentos homicidas dos
extremismos – 9.3

Sacrifício
mediunidade – 11
necessidade do * dos
Espíritos – 7.3

Salvador *ver* Jesus

Sangria
método terapêutico – 23.1

Santo Ofício
saudades do * e Igreja
Romana – 10

Saúde
estado precário da * dos
homens – 23.3

Saulo de Tarso
conversão – 3.2

Selo divino
instituições católicas – 3.4

Sensitivo *ver* Médium

Sentidos
evolução no plano terrestre – 14.2

Sermão da Montanha
homem – 2.5
palavras benditas – 2.5

Shiva
dogma da trindade – 3.4

Sibéria Oriental
bases militares – 19.1

Sistema político
autarquia – 6.1

Socialismo
evolução para o * de Jesus – 21.4
progresso e avanço para
o * cristão – 21.1

Sociedade
calamidades morais da *
moderna – 21.3
características da *
moderna – 27.2
edificação da * e
Evangelho – 18.4
edificação da * na
pilhagem – 18.4
estatuo evangélico e *
europeia – 18.4
fontes de cultura e *
europeia – 18.4
regeneração – 18.1
rótulo de Cristianismo – 18.4
unidade espiritual e *
europeia – 18.4

Sociedade de Genebra
diminuição da eficácia dos
processos – 21.2

    problemas sociais – 34
    reforma visceral – 18.3

Sociologia
    Evangelho do Cristo – 6.1

Sociólogo
    amparo aos homens – 34

Sofrimento
    alma – 18.1
    despertamento para a existência
      espiritual – 27.2

Sol
    corpos terrestres – 22

Solidariedade
    deveres de * e imortalidade
      – 26.4
    homens e * com os
      animais – 17.4
    Lei de * e interpenetração
      de planos – 28.5
    Terra e * universal – tar.
    verdadeira * entre
      os homens – 36

Spalato, construções
    ruínas – 19.4

Stalin
    Azaña – 9.2
    Léon Blum – 9.2
    política nefasta – 9.2
    união pseudocomunista
      de * e França – 19.3

Subconsciência
    conceito – 14.1
    fenômenos intelectuais – 14.1
    luz vaga – 14.3
    mediunismo – 14.1

Sugestão
    fenômeno mediúnico – 29

Sumo-pontífice
    cônsul do antigo senado – 3.4

T

Tarefa
    necessidade da * de
      espiritualização – 27.4

Telepatia
    fenômeno mediúnico – 29

Telescópio
    descortino da grandeza
      do universo – 26.2

Templo de Jesus
    reedificação – 6.4

Teodósio, o grande
    Ambrósio, bispo de Milão – 3.3

Teologia
    concepção de um Deus
      terrível – 15.5

Teoria espiritualista
    explicação satisfatória – 25.3
    organizações primitivas
      das raças – 25.3
    origem dos instintos – 25.3
    princípio das espécies – 25.3

Termutis
    Moisés – 2.3

Terra
    abençoada escola – 16.3
    aperfeiçoamento das leis – tar.
    aprendizado, degredo – 12.1
    condições aperfeiçoadas

Índice geral

da existência – tar.
desequilíbrio na * e Lei
  de Justiça – 16.4
diferença de avanço moral – 31.1
dores – 31
fatalismo da guerra – 20
fluidos poderosos – tar.
fraternidade, redenção
  espiritual – tar.
grande magneto – 22
harmonia da vida – ar.
paz do último dia – 12
pluralidade dos mundos
  habitados – 16
porvir – 13.4
privilégio da vida – 16
quadro material – 5
retorno de Espíritos – tar.
revivescência do Cristianismo
  – 6.4, nota
sociedade dos mundos – tar.
solidariedade universal – tar.
sombra, lágrima – 11.1
teorias do sistema
  geocêntrico – 16,
veiculação da palavra da
  imortalidade – 3
vida artificial – 16.1

Tertuliano
  seguidores do Cristo – 3.2

Tônus vital
  elucidação da alma
    humana – 36.5

Trabalho
  dever do homem – 16.3

Tratado de Versalhes
  Europa – 18.2
  fenômeno diplomático – 19.2
  queda – 18.2

Trimúrti da Antiguidade
  dogma da trindade e *
    oriental – 3.4

Tuberculose
  progressos regulares – 23.2

Turquia
  renovação geral – 19.1

U

Universo
  concepções – 16
  forças ativas e renovadoras – 22

V

Vaticano
  América ado Sul – 10.1
  balança da História – 3.4
  bens do * à civilização – 9.1, nota
  costumes políticos – 3.4
  entendimento com o
    Quirinal – 9.4
  iniquidades – 34, nota
  mensagem da fraternidade
    humana – 3.4
  obra material – 3.4
  politeísmo – 3.4
  Reino de Jesus – 3.4
  restabelecimento do
    Evangelho – 3.4
  sumo-pontífice – 3.4
  utilidade da fortuna
    gigantesca – 9.3

Vedas
  Fo-Hi – 2.2

Velho Mundo
  domínio dos países – 19.3
  fascismo, bolchevismo – 21.1

Índice geral

guerra de 1914 – 19
ideais antifraternos – 18.2
transformação dos valores
 religiosos – 21.3

Verbo do Princípio *ver* Jesus

Verdade
 Ciência – 13.1
 colaboração com os
  estudiosos – 36
 conhecimento – 3
 escalada difícil – 3
 reflexão – 32.1

Vida
 causa da complicação da *
  do homem – 35.1
 eterno presente – 6.4
 êxito na conquista da
  * e luta – 32.5
 ideia diretriz – 24.2
 manifestação do Criador – 26.4
 mistérios da origem – 17.4
 modalidades de * e matéria
  rarefeita – 36.4
 primeiro rudimento de *
  organizada – 24.8
 privilégio da * e Terra – 16

Vida espiritual
 verdadeira, eterna – 32.1

Vida integral
 amor – 32.5

Vida moral
 realidade positiva – 15.2

Vishnu
 dogma da trindade – 3.4

W

Westminster, Abadia
 recordações – 19.4

X

Xavier, Francisco Cândido
 atribuições – expl.
 Emmanuel, Espírito – expl.
 livro mediúnico – expl., nota
 Parnaso de além-túmulo,
  livro – expl.
 reconhecimento – expl.
 tarefa mediúnica – expl.
 vidas passadas – expl.

Edições de *Emmanuel*

EDIÇÃO	IMPRESSÃO	ANO	TIRAGEM	FORMATO
1	1	1938	5.000	13X18
2	1	1938	5.000	13X18
3	1	1940	5.000	13X18
4	1	1945	4.100	13X18
5	1	1957	5.000	13X18
6	1	1962	5.000	13X18
7	1	1970	10.000	13X18
8	1	1977	10.200	13X18
9	1	1981	10.200	13X18
10	1	1984	4.100	13X18
11	1	1986	10.200	13X18
12	1	1986	20.200	13X18
13	1	1987	10.000	13X18
14	1	1989	10.000	13X18
15	1	1991	10.000	13X18
16	1	1994	10.000	13X18
17	1	1997	3.000	13X18
18	1	1997	3.000	13X18
19	1	1998	3.000	13X18
20	1	1999	3.000	13X18
21	1	2000	3.000	12,5X17,5
22	1	2003	1.000	12,5X17,5
23	1	2004	1.000	12,5X17,5
24	1	2004	2.000	12,5X17,5
25	1	2005	2.000	12,5X17,5
26	1	2006	3.000	12,5X17,5
27	1	2008	5.000	12,5X17,5
27	2	2009	3.000	12,5X17,5
27	3	2010	5.000	12,5X17,5
28	1	2013	2.000	14X21

EDIÇÃO	IMPRESSÃO	ANO	TIRAGEM	FORMATO
28	2	2014	1.000	14X21
28	3	2014	2.000	14X21
28	4	2015	1.000	14X21
28	5	2016	2.000	14X21
28	6	2017	2.500	14X21
28	7	2018	1.000	14X21
28	8	2019	1.300	14X21
28	9	2021	1.300	14X21
28	10	2022	1.000	14X21
28	IPT*	2023	IPT	14X21
28	12	2024	1.000	14X21
28	13	2024	1.000	14X21

*Impressão pequenas tiragens

O QUE É ESPIRITISMO?

O Espiritismo é um conjunto de princípios e leis revelados por Espíritos Superiores ao educador francês Allan Kardec, que compilou o material em cinco obras que ficariam conhecidas posteriormente como a Codificação: *O livro dos espíritos*, *O livro dos médiuns*, *O evangelho segundo o espiritismo*, *O céu e o inferno* e *A gênese*.

Como uma nova ciência, o Espiritismo veio apresentar à Humanidade, com provas indiscutíveis, a existência e a natureza do Mundo Espiritual, além de suas relações com o mundo físico. A partir dessas evidências, o Mundo Espiritual deixa de ser algo sobrenatural e passa a ser considerado como inesgotável força da Natureza, fonte viva de inúmeros fenômenos até hoje incompreendidos e, por esse motivo, são tidos como fantasiosos e extraordinários.

Jesus Cristo ressaltou a relação entre homem e Espírito por várias vezes durante sua jornada na Terra, e talvez alguns de seus ensinamentos pareçam incompreensíveis ou sejam erroneamente interpretados por não se perceber essa associação. O Espiritismo surge então como uma chave, que esclarece e explica as palavras do Mestre.

A Doutrina Espírita revela novos e profundos conceitos sobre Deus, o Universo, a Humanidade, os Espíritos e as leis que regem a vida. Ela merece ser estudada, analisada e praticada todos os dias de nossa existência, pois o seu valioso conteúdo servirá de grande impulso à nossa evolução.

CARIDADE: AMOR EM AÇÃO

Sede bons e caridosos: essa a chave que tendes em vossas mãos. Toda a eterna felicidade se contém nesse preceito: "Amai-vos uns aos outros". KARDEC, Allan. *O evangelho segundo o espiritismo*, cap. 13, it. 12.

A Federação Espírita Brasileira (FEB), em 20 de abril de 1890, iniciou sua *Assistência aos Necessitados* após sugestão de Polidoro Olavo de S. Thiago ao então presidente Francisco Dias da Cruz. Durante oitenta e sete anos, esse atendimento representava o trabalho de auxílio espiritual e material às pessoas que o buscavam na Instituição. Em 1977, esse serviço passou a chamar-se Departamento de Assistência Social (DAS), cujas atividades assistenciais nunca se interromperam.

Desde então, a FEB, por seu DAS, desenvolve ações socioassistenciais de proteção básica às famílias em situação de vulnerabilidade e risco socioeconômico. Fortalece os vínculos familiares por meio de auxílio material e orientação moral-doutrinária com vistas à promoção social e crescimento espiritual de crianças, jovens, adultos e idosos.

Seu trabalho alcança centenas de famílias. Doa enxovais para recém-nascidos, oferece refeições, cestas de alimentos, cursos para jovens, serviços de convivência e fortalecimento de vínculos para idosos e organiza doações de itens que são recebidos na Instituição e repassados a quem necessitar.

Essas atividades são organizadas pelas equipes do DAS e apoiadas com recursos financeiros da Instituição, dos frequentadores da Casa e por meio de doações recebidas, num grande exemplo de união e solidariedade.

Seja sócio-contribuinte da FEB, adquira suas obras e estará colaborando com o seu Departamento de Assistência Social.

O EVANGELHO NO LAR

Quando o ensinamento do Mestre vibra entre quatro paredes de um templo doméstico, os pequeninos sacrifícios tecem a felicidade comum.[1]

Quando entendemos a importância do estudo do Evangelho de Jesus, como diretriz ao aprimoramento moral, compreendemos que o primeiro local para esse estudo e vivência de seus ensinos é o próprio lar.

É no reduto doméstico, assim como fazia Jesus, no lar que o acolhia, a casa de Pedro, que as primeiras lições do Evangelho devem ser lidas, sentidas e vivenciadas.

O espírita compreende que sua missão no mundo principia no reduto doméstico, em sua casa, por meio do estudo do Evangelho de Jesus no Lar.

Então, como fazer?

Converse com todos que residem com você sobre a importância desse estudo, para que, em família, possam compreender melhor os ensinamentos cristãos, a partir de um momento de união fraterna, que se desenvolverá de maneira harmônica e respeitosa. Explique que as reflexões conjuntas acerca do Evangelho permitirão manter o ambiente da casa espiritualmente saneado, por meio de sentimentos e pensamentos elevados, favorecendo a presença e a influência de Mensageiros do Bem; explique, também, que esse momento facilitará, em sua residência, a recepção do amparo espiritual, já que auxilia na manutenção de elevado padrão vibratório no ambiente e em cada um que ali vive.

Convide sua família, quem mora com você, para participar. Se mora sozinho, defina para você esse momento precioso de estudo e reflexões. Lembre-se de que, espiritualmente, sempre estamos acompanhados.

Escolha, na semana, um dia e horário em que todos possam estar presentes.

O tempo médio para a realização do Evangelho no Lar costuma ser de trinta minutos.

---

[1] XAVIER, Francisco Cândido. *Luz no lar.* Por Espíritos diversos. 12. ed. 7. imp. Brasília: FEB, 2018. Cap. 1.

As crianças são bem-vindas e, se houver visitantes em casa, eles também podem ser convidados a participar. Se não forem espíritas, apenas explique a eles a finalidade e importância daquele momento.

O seguinte roteiro pode ser utilizado como sugestão:

1. Preparação: leitura de mensagem breve, sem comentários;
2. Início: prece simples e espontânea;
3. Leitura: *O evangelho segundo o espiritismo* (um ou dois itens, por estudo, desde o prefácio);
4. Comentários: breves, com a participação dos presentes, evidenciando o ensino moral aplicado às situações do dia a dia;
5. Vibrações: pela fraternidade, paz e pelo equilíbrio entre os povos; pelos governantes; pela vivência do Evangelho de Jesus em todos os lares; pelo próprio lar...
6. Pedidos: por amigos, parentes, pessoas que estão necessitando de ajuda...
7. Encerramento: prece simples, sincera, agradecendo a Deus, a Jesus, aos amigos espirituais.

As seguintes obras podem ser utilizadas nesse momento tão especial:

- *O evangelho segundo o espiritismo*, como obra básica;
- *Caminho, verdade e vida*; *Pão nosso*; *Vinha de luz*; *Fonte viva*; *Agenda cristã*.

Esse momento no lar não se trata de reunião mediúnica e, portanto, qualquer ideia advinda pela via da intuição deve permanecer como comentário geral, a ser dito de maneira simples, no momento oportuno.

No estudo do Evangelho de Jesus no Lar, a fé e a perseverança são diretrizes ao aprimoramento moral de todos os envolvidos.

FEB editora
Livro espírita para um novo mundo
www.febeditora.com.br
@febeditoraoficial
@febeditora

Conselho Editorial:
Carlos Roberto Campetti
Cirne Ferreira de Araújo
Evandro Noleto Bezerra
Geraldo Campetti Sobrinho – Coord. Editorial
Jorge Godinho Barreto Nery – Presidente
Maria de Lourdes Pereira de Oliveira
Miriam Lúcia Herrera Masotti Dusi

Produção Editorial:
Elizabete de Jesus Moreira

Revisão:
Davi Miranda
Jorge Leite

Capa e Projeto Gráfico:
Ingrid Saori Furuta

Diagramação:
Rones José Silvano de Lima – instagram.com/bookebooks_designer

Foto da Capa:
http://www.istockphoto.com/toddtaulman

Normalização Técnica:
Biblioteca de Obras Raras e Documentos Patrimoniais do Livro

Esta edição foi impressa pela Gráfica e Editora Qualytá Ltda., Brasília, DF, com tiragem de 1 mil exemplares, todos em formato fechado de 140x210 mm e com mancha de 94x160 mm. Os papéis utilizados foram o Off white bulk 58 g/m² para o miolo e o Cartão 250 g/m² para a capa. O texto principal foi composto em fonte Adobe Garamond Pro 12/15,3 e os títulos em District Thin 20/20. Impresso no Brazil. *Presita en Brazilo.*